Jakob Hinrichs

Modern cyclists

Erscheinungsformen einer innigen Beziehung

FAVORITEN PRESSE

Eine (sehr kurze) Geschichte des Radfahrens
von Ingwar Perowanowitsch

Vor über 200 Jahren schwang sich der 32 jährige Förster Karl Drais aus dem Herzogtum Baden auf den Sattel eines seltsamen hölzernen Gefährts und rollte damit vorbei an erstaunten Passanten durch Mannheim. Aus dem frommen Wunsch heraus, eine brauchbare Alternative zum Pferd zu finden, hatte Drais das Zweiradprinzip entdeckt – eine bis dahin völlig neue Mobilitätsform, die die Menschen von Beginn an faszinierte.

Doch niemand, schon gar nicht der Erfinder selbst, konnte ahnen, dass dieses Fahrzeug eines Tages Menschen um die Welt tragen, Frauen zur Emanzipation verhelfen und als Hoffnungsträger für eine gerechte nachhaltige Welt stehen würde. Von Beginn an genoss das Fahrrad kulturelle und politische Relevanz. Die ersten, die es als identitäre Aufwertung für sich entdeckten, waren die Dandys: Eine Gruppierung elegant gekleideter Männer, bekannt für vorzügliche Manieren und ihre nonchalante Art, die mit dem Fahrrad ihrem Streben nach Individualität Ausdruck verliehen. Sie machten im London der 1820er Jahre die Gehwege unsicher und brachten Pferdebesitzer, Londons feine Bürgerschaft und die Obrigkeit gegen sich auf. Diesem mächtigen Bündnis hatte das Fahrrad wenig entgegenzusetzen. Weltweit wurde das Fahren auf Bürgersteigen untersagt, was angesichts des miserablen Zustands der Straßen einem Fahrverbot glich. Die Geschichte des Fahrrads – sie hätte hier zu Ende sein können.

A (very short) history of the bicycles

by Ingwar Perowanowitsch

More than 200 years ago, the 32-year-old forester Karl Drais from the Duchy of Baden swung himself onto the saddle of a strange wooden conveyance and rolled past astonished passers-by through the city of Mannheim. Out of a pious hope to find a practical alternative to the horse, Drais had discovered the two-wheeled principle - a hitherto completely new form of mobility that fascinated people right from its very inception. But no one, least of all the inventor himself, could have imagined that this vehicle would one day carry people around the world, help women achieve emancipation and stand as a bearer of hope for a just, sustainable world.

From the very beginning, the bicycle enjoyed cultural and political relevance. The first to discover it as an identitarian upgrade for themselves were the dandies: A grouping of elegantly dressed men, known for exquisite manners and their nonchalant ways, who used the bicycle to express their quest for individuality. They made the sidewalks of 1820s London unsafe and infuriated horse owners, London's fine bourgeoisie and the authorities. The bicycle had little to oppose this pow-

Und doch ließ sich der Geist nicht mehr in die Flasche zurückdrängen und das Fahrrad verkörperte, ähnlich wie die Dampfmaschine, die Aufbruchstimmung und den Wunsch nach einer Beschleunigung des Lebens. Seit den 1860er Jahren wurde es technisch verfeinert. Und während das neue Hochrad zuerst nur von besonders lebensmüden Zeitgenossen geschätzt wurde, gelang mit dem Niederrad schließlich der Durchbruch für die Massen. Dieses Fahrrad mit zwei gleich großen Rädern war schneller, komfortabler und leichter im Umgang als sein Vorgänger. So begann Ende des 19. Jahrhunderts die erste Blütezeit des Zweirads und die junge Industrie bemühte sich, den vielfältigen Bedürfnissen ihrer neuen Kundschaft gerecht zu werden. Schon bald tummelten sich auf den Straßen Londons, Paris oder Berlins Räder mit seltsamen Namen wie Boneshaker, Safety Bicycle Tandem, Tricycle, Sociable, Ordinary oder Velocipede. Für jeden Mann, jede Frau, jedes Einkommen und Alter wurde das passende Rad geschmiedet. So avancierte es schnell zum wichtigsten Verkehrsmittel seiner Zeit und bestimmte maßgeblich den Takt der jungen Industriegesellschaften.

Doch in Mannheim, der gleichen Stadt, in der einst Karl Drais 1817 seine Jungfernfahrt unternahm, brach ein anderer Karl auf eine schicksalhafte erste Fahrt auf: Im Januar 1886 fuhr Karl Benz mit einem Viertakt-Motorwagen durch die Straßen des neuen Kaiserreichs. Eine Revolution bahnte sich an – eine Automobil-Revolution, die in den kommenden Jahrzehnten das Fahrrad aus den Straßen, Herzen und Köpfen der Menschen drängen sollte.

Als die autogerechte Stadt nach dem Zweiten Weltkrieg von Stadtplaner*innen weltweit in Asphalt gegossen wurde, hatten sie keine Augen und keinen Platz fürs Fahrrad. Für sie war es ein Problem, das gelöst werden musste, weil es sich nicht in das strenge Korsett der autozentrierten Verkehrsplanung einfügen wollte. Folglich ging die Zahl der Radfahrenden global zurück und selbst stolze Fahrradnationen wie die Niederlande versackten ab den 1960er Jahren in Stau und Blech, Abgasen und Lärm. Erneut hätte die Geschichte des Fahrrads ein Ende finden können.

erful alliance. All over the world, riding on sidewalks was banned, which, given the deplorable condition of the streets, was tantamount to a driving ban. The history of the bicycle – it could have ended here.
And yet the genie could no longer be forced back into the bottle, and the bicycle, like the steam engine, embodied the spirit of optimism and the desire to speed up life. Since the 1860s, it has been technically refined. And while the new high-wheeled bicycle was initially appreciated only by particularly life-weary contemporaries, the low-wheeled bicycle finally achieved a breakthrough for the masses. This bicycle with two equally sized wheels was faster, more comfortable and easier to handle than its predecessor. Thus, the first heyday of the two-wheeler began at the end of the 19th century, and the young industry strove to meet the diverse needs of its new clientele. Soon the streets of London, Paris or Berlin were filled with bicycles with strange names like Boneshaker, Safety Bicycle Tandem, Tricycle, Sociable, Ordinary or Velocipede. The appropriate bike was forged for every man, woman, income and age. Thus it quickly advanced to become the most important means of transport of its time and decisively determined the pace of the young industrial societies.
But in Mannheim, the same city where Karl Drais once dared his maiden voyage in 1817, another Karl set off on a providential first ride: In January 1886, Karl Benz drove a four-stroke engine motorcar through the streets of the new German Empire. A revolution was in the making – an automotive revolution that was to push the bicycle out of people's streets, hearts and minds in the decades to come.
When the car-friendly city was cast in asphalt by urban planners around the world after World War II, they had neither space nor place for the

Doch in den letzten Jahren geschah etwas Unerwartetes: Das Fahrrad ist zurück und fordert selbstbewusst seinen Platz im öffentlichen Raum ein. Die gravierenden Folgen der autogerechten Stadtplanung, der Klimawandel und die neue Sensibilität für ökologische und gesundheitliche Fragen haben umweltfreundliche Lebensstile mehr und mehr ins Zentrum der gesellschaftlichen Debatte gestellt und dem Fahrrad eine neue Daseinsberechtigung verliehen. Kein politisches Papier, welches das Fahrrad nicht als die Lösung anpreist. Keine Verkehrspolitiker*innen, die den Erfolg ihrer Arbeit nicht an der Förderung des Radverkehrs messen lassen müssen. Doch noch sind aus Worten wenig Taten gefolgt. Der Platzbedarf fürs Fahrrad wächst und Planer*innen und Politiker*innen tun sich schwer, die Radwege den neuen Ansprüchen anzupassen. In vielen Städten bleibt Fahrradfahren weiterhin eine exklusive Veranstaltung für alle, die sich trauen und keine inklusive, für alle, die möchten. Dass Fahrradfahren in deutschen Städten einer Mutprobe gleicht, ist ein Skandal. Ein Versagen des Staates, dem es seit Jahrzehnten nicht gelingt, seine radelnden Bürger*innen ausreichend zu schützen. Jedes Jahr sterben hunderte Radfahrer*innen im Straßenverkehr. Weil die Politik sich nicht traut, dem Auto den Platz zu nehmen, den es für sichere Radwege braucht. Weil der Parkplatz oder die zweite Fahrspur im Konfliktfall für wichtiger erachtet werden. Weil die Freiheit des PKWs mehr zählt, als die Freiheit all jener, die darunter leiden. Erst wenn wir das Auto vom Thron stürzen und seine Privilegien infrage stellen, eröffnet sich ein produktives Vakuum, Städte für „all ages" und „all wages" zu bauen – also für jedes Alter und jedes Einkommen.
Von diesem Traum sind wir noch weit entfernt, doch die Richtung stimmt: Jedes Jahr nimmt die Zahl an Radfahrenden in Städten zu. Unterstützt wird der wachsende Trend von einer Industrie, die das kreative Loch der

bicycle. For them, it was a problem that had to be solved because it did not want to fit into the strict frame of car-oriented traffic planning. Consequently, the number of cyclists declined globally, and from the 1960s onward even proud cycling nations like the Netherlands descended into traffic jams and plate, exhaust fumes and noise. Once again, the history of the bicycle could have come to an end.

But something unexpected has happened in recent years: the bicycle is back and confidently claiming its place in public space. The serious consequences of car-oriented urban planning, climate change, and a new sensitivity to ecological and health issues have placed environmentally friendly lifestyles more and more at the center of social discourses and have given the bicycle a new right to exist. There is no political blueprint that does not tout the bicycle as the solution. There are no transport politicians who do not measure the success of their work by the promotion of cycling. But words have not yet been turned into deeds. The space required for bicycles is growing, and planners and politicians are having a hard time adapting bike lanes to the new demands. In many cities, cycling remains an exclusive domain for those who dare and not an inclusive activity for anyone who wants to take part in it.

The fact that cycling in German cities is like a test of courage is a scandal. A failure of the state, which for decades has failed to adequately protect its cycling citizens. Every year, hundreds of cyclists die in road traffic. Because politicians do not dare to take the space away from cars that is needed for safe bike lanes. Because the sparking space or the second lane are considered more important in case of conflict. Because the freedom of the car counts more than the freedom of all those who suffer from it. Only when we topple the car from its throne and question its privileges will a productive latitude open up for building cities for „all ages" and „all wages".

We are still a long way from this dream, but the direction is right: Every year, the number of cyclists in cities increases. The growing trend is supported by an industry that has overcome the creative trough of the

letzten Jahrzehnte überwunden hat und derzeit mit einer differenzierten Produktpalette die Kunden fürs Fahrrad gewinnen will. Mit der Kraft des E-Bikes, der Funktionalität des Lastenrads oder der Geländetauglichkeit eines Fatbikes werden die Vorzüge des Autos nachgeahmt und auf zwei Räder übersetzt. Für jeden Zweck steht heute das passende Fahrrad bereit, für jeden Charakter das passende Produkt.
Diese Renaissance des Fahrrads haben wir natürlich den Menschen zu verdanken, die sich allen Widrigkeiten zum Trotz auf den Sattel setzen und mit diesem Buch ihre verdiente Würdigung erfahren. Seien es die Pendler*innen, die täglich auf dem Weg zur Arbeit durch den dichtesten Verkehr steuert, Eltern, die Kind und Kegel im Lastenrad transportieren, rüstige E-Bike-Fahrer*innen, Anzugträger*innen mit neongelben Hosenklammern oder eilige Kurier*innen, die mit teils haarsträubenden Fahrmanövern auffallen. Sie alle spiegeln die neue Vielfalt auf den Straßen des Landes wider und verleihen dem Fahrrad ein starkes politisches Mandat, mit dem derzeit die autogerechte Stadt hinterfragt und der öffentliche Raum neu verhandelt wird.
Und so ist dieses Buch vor allem eine Liebeserklärung an die Vielzahl von Charakteren, die heute unsere Radwege bevölkern. Es ist eine Hommage an 55 Individualist*innen da draußen, die mit ihrer Art der Mobilität die Stadt ein kleines bisschen lebenswerter machen. Heute feiern wir sie, weil sie sich **trotz** der Infrastruktur aufs Fahrrad wagen. Setzen wir doch alles daran, dass sie es in Zukunft **wegen** der Infrastruktur tun.

last decades and is currently trying to win customers for bicycles with a highly sophisticated product range. With the power of the e-bike, the functionality of the cargo bike or the off-road capability of a fat bike, the advantages of the car are being emulated and transferred onto two wheels. Today, there is a suitable bicycle for every purpose, and a suitable product for every character.

For sure, we owe this renaissance of the bicycle to the people who, against all odds, get on the saddle and receive their well-deserved appreciation with this book. Whether it is the cyclists navigating through the heaviest traffic on their way to work every day, parents transporting their children on cargo bikes, sprightly e-bike riders, business-style persons with neon-yellow trouser clips, or delivery men in a hurry, who cut a dash with sometimes spine-crawling driving manoeuvres. They all reflect the new diversity on the streets and give the bicycle a strong political mandate, with which the car-friendly city is currently being questioned and public space renegotiated.

And so this book is above all a declaration of love to the multitude of characters that populate our bikeways today. It is a tribute to round about 50 individualists out there who make the city a little bit more worth living with their kind of mobility. Today, we celebrate them for daring to ride their bikes despite the infrastructure. Let's do everything we can to ensure that they do so in the future because of the infrastructure.

Die Fahrrad-fahrer*innen

01	Der Zeichner	29	Das weiße Fahrrad
02	Der Profi	30	Der Kulturbringer
03	Die Einkäuferin	31	Die Speed-Queen
04	Der Falter	32	Der Trashbiker
05	Die Postzustellerin	33	Der Schnäppchenjäger
06	Der Kinder-Cargo	34	Der Selfmade-Ingenieur
07	Der Athlet	35	Die Jugend
08	Der Wutradler	36	Der Easy Rider
09	Die Rent-a-bikes	37	Die Eine-Personen-Demo
10	Die Unzertrennlichen	38	Der Vogelmensch
11	Der Minimalist	39	Das Gesetz
12	Der Essensbote	40	Der Maßstab
13	Die Rikscha-Touristen	41	Der Aufsteiger
14	Die Beisitzerin	42	Die Absteigerin
15	Das Anhängsel	43	Der Abgefederte
16	Der Individualist	44	Der Sonntagsfahrer
17	Die Spediteurin	45	Die Urbanistin
18	Die beige Brigade	46	Die Wankelmutige
19	Der Connoisseur	47	Die Unternehmerin
20	Die Schwerelose	48	Die Radreisende
21	Der Bügerliche	49	Die Designerin
22	Der Befähigte	50	Der Traveller
23	Die Outdoor-DJane	51	Die Nostalgikerin
24	Das Dreikäsehoch	52	Die Flowerfrau
25	Das ewige Kind	53	Der gute Nachbar
26	Das Roller Girl	54	Die Dreirädrige
27	Der kindliche Komplize	55	Die Rollatoren
28	Der Allwettermensch		

the cyclists

01 the illustrator
02 the professional
03 the good shopper
04 the folder
05 the mail carrier
06 the Kinder-Cargo
07 the athlet
08 the raging cyclist
09 the rent-a-bikes
10 the inseparables
11 the minimalist
12 the delivery rider
13 the rikshaw-tourists
14 the sidekick
15 the appentage
16 the individualist
17 the hauler
18 the beige brigade
19 the connoisseur
20 the libertien
21 the commoner
22 the able cyclist
23 the outdoor DJane
24 the tiny tot
25 the young at heart
26 the roller girl
27 the child confederate
28 the all-weather man

29 the ghost bike
30 the culture hero
31 the speed queen
32 the trashbiker
33 the bargain hunter
34 the selfmade engineer
35 the youth
36 the easy rider
37 the one person demo
38 the bird man
39 the law
40 the scale
41 the climber
42 the downhiller
43 the shock absorber
44 the sunday driver
45 the urbanist
46 the tricky fickler
47 the entrepreneur
48 the backpacker
49 the designer
50 the traveller
51 the nostalgic
52 the blooming boomer
53 the good neighbour
54 the three-wheeled
55 the rollators

Der Zeichner

verschwitzt den Bleistift gespitzt

Auf meiner täglichen Fahrt durch die Großstadt zum Atelier begleitet mich immer eine Vielzahl unterschiedlichster Mitradler*innen, die auf mindestens ebenso verschiedenartigen zweirädrigen Gefährten unterwegs sind. Im Gedankenstrom des Fahrens frage ich mich, wie Mensch und Fahrrad zusammenpassen? Gibt es Gemeinsamkeiten, Besonderheiten, Stereotypen? Verschwitzt nach halbstündiger Fahrerei am Schreibtisch angekommen (und um drei Nahtoderlebnisse reicher), setze ich mich hin und beginne – aus purer Lust an der Sammlung –, Radler*innen zu zeichnen. Für jede Woche des Jahres eine*n, und noch ein paar besonders liebgewonnene mehr …

The illustrator

sweaty pencil sharpened

On my daily ride through the big city to the studio I share the ride with a large number of fellow cyclists on all kinds of two-wheeled vehicles. In the ensuing stream of revolving thoughts, I'm wondering how human and bicycle fit together? Are there commonalities, peculiarities, stereotypes? Half an hour later at my desk, (all sweaty and about three near-death experiences later), I begin - out of a pure pleasure in collecting - to draw cyclists. One for each week of the year, and a few more especially beloved ones…

Technologie	●●	**Zeitgeist**	●●
Preis	●	**Geschwindigkeit**	●●●●●
Öko-Faktor	●●●	**Nutzen**	●
Stil	●●	**Häufigkeit**	●

Der Profi

das Leben im Griff

Der Profi ist ein Langstreckenpendler, der jeden Tag mit seinem Fahrrad zur Arbeit fährt. Seine gestählten Beine sind sehnig und aderdurchzogen, sein Körperfettgehalt gleicht dem eines Magerquarks. Auf der Arbeit wird rasch geduscht. Dort wechselt er seine sportliche Funktionskleidung in einen Business-Anzug und der Tag kann beginnen. „Wow, hat der sein Leben im Griff!", denkt man sich mit einem Anflug von Neid, wenn man in speckiger Jogginghose vor die Tür tritt, um seinen inneren Schweinehund zu lüften, wohl wissend, dass man nicht mal annähernd die Selbstdisziplin aufbringen würde, diesen Lifestyle auch nur zwei Tage durchzuhalten.

The professional

life under control

The professional is a long-distance commuter who rides his bike to work every day. His steeled legs are sinewy and streaked with veins, his body fat percentage is similar to that of plain cottage cheese. At work he takes a quick shower and changes from his sporty functional clothing into a business suit - another productive new day lying ahead. "Wow, does he have his life under control" you think to yourself with a touch of envy. Dressed in grubby sweatpants, while taking your lazy ass for a walk, you become quite aware that you would not even come close to mustering this kind of self-discipline for one single day.

technology	●●●	zeitgeist	●●●●
price	●●●●●	speed	●●●●●●
eco-factor	●●●●●	benefit	●●●●●
style	●●●	frequency	●●●●

Die Einkäuferin

die Welt retten

Die Einkäuferin gleitet durch den öffentlichen Raum mit Selbstverständlichkeit und Routine. Sie ist eine überzeugte Fahrradfahrerin, die selbst kürzeste Strecken mit ihrem Fahrrad im Hollandradstil zurücklegt. In zwei alten Weinkisten vorne und hinten angebracht, fährt sie ihre Einkäufe vom lokalen Wochenmarkt nach Hause. Ein gesunder Lebensstil ist ihr sehr wichtig, auf ihren Teller kommen nur regionale Bio-Nahrungsmittel. Sie zieht Tiere tendenziell den Menschen vor und bringt schon mal ihren ungeküssten Prinzen zum Kleintierarzt an der nächste Ecke.

The good shopper

saving the world, one load of groceries at a time

The shopper glides through the public space with a natural routine. She is a convinced cyclist, who takes her Dutch roadster even for the shortest distances. In two old wine boxes, attached to front and back, she carries home her groceries from the local farmers market. A healthy lifestyle is very important to her, only regional organic food will touch her tongue. She prefers animals to people and will carry her unkissed prince in a litter to the vet on the next corner.

Technologie	●●	**Zeitgeist**	●●●●●●
Preis	●●●	**Geschwindigkeit**	●
Öko-Faktor	●●●●●●	**Nutzen**	●●●●●
Stil	●●	**Häufigkeit**	●●●●

04

Der Falter

praktisch

Der Falter ist ein eher konservativer Mensch, der sich an technischen Lösungen für die wiederkehrenden Probleme des Alltags mit fachmännischer Freude begeistern kann. Als Fan des britischen Fahrradherstellers Brompton bevorzugt er einen eher distinguierten Look, der hier und da von einem Hauch an Exzentrik aufgebrochen werden darf. Gerade die Kombination aus Bahn und Fahrrad ist für ihn unwiderstehlich. Während der Rushhour einen vollen Zug zu betreten, meistert er mit Stolz durch einen geübten Handgriff – und einem leichten Anflug von selbstgefälliger Überheblichkeit.

the folder

pragmatism meets eccentricity

The folder is a rather conservative person, who shows professional excitement in finding technical solutions for the recurring problems of everyday life. As a fan of the British bicycle manufacturer Brompton, he prefers a rather distinguished look, which may be sprinkled with a hint of eccentricity here and there. The combination of train and bike is absolutely irresistible for him. Entering a crowded train during rush hour is a task he masters with pride, a well-practiced hand grip, and ... a slight touch of smug arrogance.

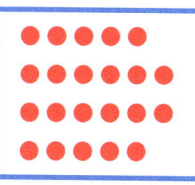

technology	●●●●●	zeitgeist	●●●●
price	●●●●●●	speed	●●●
eco-factor	●●●●●●●	benefit	●●●●●
style	●●●●●	frequency	●●

Die Postzustellerin

echte Post von echten Menschen

Die Postzusteller*innen hatten früher den romantischsten Job der Stadt. Sie überbrachten die Mitteilungen der Herzen: schüchterne Liebesbriefe, Hochzeitseinladungen, Geburtsanzeigen und Briefe von geliebten Menschen aus fernen Ländern. Aber mit der Erfindung der E-Mail war jäh Schluss damit: Alles, was sie jetzt noch bringen, sind Rechnungen, Steuerforderungen, Räumungsbescheide und Sterbeurkunden. Nennt mich einen Romantiker, aber das ist einfach nicht fair!

The mail carrier

real mail delivered by real people

Mail carriers used to have the most romantic job in town. They delivered the messages of the hearts: shy love letters, wedding invitations, birth announcements and letters from beloved people from distant lands. But with the invention of email it came to an abrupt end: All they bring now are bills, tax claims, eviction notices, and death certificates. Call me a romantic, but that's just not fair!

Technologie	●●●	**Zeitgeist**	●●●●
Preis	●●●	**Geschwindigkeit**	●●
Öko-Faktor	●●●●●	**Nutzen**	●●●●●●
Stil	●●	**Häufigkeit**	●●●●●

06

Der Kinder-Cargo

Selbstaufgabe ist auch eine Aufgabe.

Der Kinder-Cargo (m, w, d) ist eine aufopferungsvolle Spezies. Man trifft ihn oder sie heftig strampelnd, dafür aber auffallend langsam vorwärtskommend, meist auf den Bürgersteigen der Städte. Vorne in einer Transportbox fahren sie ihre Brut spazieren. Die Kinder, die sehr wohl fähig wären, selber zu laufen oder gar Fahrrad zu fahren, schnattern vergnügt vor sich hin, während der Parentalgeneration langsam die Puste ausgeht. „Klar, etwas anstrengend ist es schon", hört man zwischen zwei Schnaufern, „aber wie sonst sollen denn die Kleinen von der Klarinettenstunde zum Training für die Mathe-Olympiade kommen?"

The kinder-cargo

über-parents in Uber mode

The kinder-cargo (m, f, x) is a self-sacrificing species. You will meet them most likely on sidewalks pedalling hard, but advancing remarkably slowly. Up front, in a transport box, they drive their brood around. The children, who would be perfectly capable of walking themselves or even riding a bike, chatter away merrily, while the parent generation is slowly running out of breath. "Sure, it's a little exhausting", you hear them groan between two gasps, "but how else are the little ones supposed to get from clarinet lesson to practice for the Math Olympiad?"

technology	●●●●	zeitgeist	●●●●●●
price	●●●●	speed	●●
eco-factor	●●●●●●	benefit	●●●●
style	●●	frequency	●●●●●

23

Die Athletin

unbeweglich vorankommen

Man findet diese Spezies in den Fitnessstudios der Stadt, wo sie für einen horrenden Monatsbeitrag das machen, was andere Leute draußen gerne umsonst betreiben: Fahrradfahren! Klar, kostenloser Muskelerwerb wäre Verrat am Status. Sie strampeln sich ab, als ob sie für die nächste Tour de France trainieren. Das „Polka Dot Jersey", das Trikot für den besten Bergfahrer der Tour, ist wohlverdient. Aber nach dem Training springen sie in ihre überdimensionierten Geländewagen und machen sich vollmotorisiert auf den Weg nach Hause. Sicher ist sicher, denn echter Verkehr kann ganz schön beängstigend sein!

The athlete

getting nowhere extremely fast

You can find this species in every gym of the city. For a horrendous monthly fee they do what other people like to do for free: Cycling! Sure enough, muscle gain free of charge would be a betrayal of status. They pedal away as if they were training for the next Tour de France. The "Polka Dot Jersey", the jersey for the best climber in the Tour, seems well deserved. But after the workout, they jump into their oversized SUVs and head home fully motorised. Better safe than sorry, because real traffic can be pretty scary!

Technologie	●●●●●	**Zeitgeist**	●●●●●●
Preis	●●●●	**Geschwindigkeit**	
Öko-Faktor	●	**Nutzen**	●
Stil	●●	**Häufigkeit**	●●●●●

Der Wutradler

männlich

Bei vielen der beschriebenen Radfahrer*innen ist das Geschlecht völlig egal, es gibt sie in männlich, weiblich, divers und in allen Farben des Regenbogens, nur bei einem Radfahrertypus bin ich mir sicher, dass es ihn nur in männlich gibt: den Wutradler. Er fühlt sich allein durch die Tatsache, dass er mit dem Rad unterwegs ist, im Recht und auf der Seite der Guten. Kleinstes Fehlverhalten der anderen Verkehrsteilnehmer*innen versetzt ihn in Rage, gleichzeitig gelten Verkehrsregeln für ihn nur als zu ignorierende Aufforderung. Er ist rücksichtslos, laut und drängelnd. Schlimmer als ein Wutradler auf dem Fahrrad ist nur noch ein Wutradler am Lenkrad eines Autos.

The raging cyclist

male

For many of the cyclists described, gender does not matter at all. They come in male, female, non-binary and all colours of the rainbow. There is only one type of cyclist, I am sure, who exists only as a male version: The raging cyclist. He believes he is in the right and on the side of the good guys – just by the mere fact that he is riding his bike instead of taking a car. Smallest misconduct of the other road users puts him in a self-righteous rage, and yet, to him, traffic rules are only a request to be ignored. He is reckless, loud and pushy. Worse than a raging cyclist on the bike is only a raging cyclist at the steering wheel of a car.

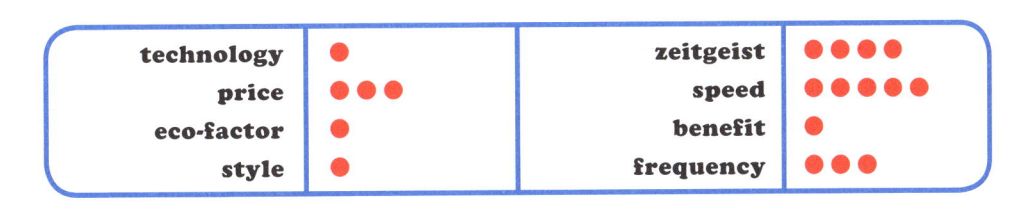

technology	●	zeitgeist	●●●●
price	●●●	speed	●●●●●
eco-factor	●	benefit	●
style	●	frequency	●●●

Auf dem Weg

On the way

Die Rent-a-bikes
die rollende Straßenblockade

Diese Leute trifft man normalerweise in Schwärmen von 5-20 Personen in den Zentren großer Städte, wo sie Straßen und Fahrradwege gleichermaßen blockieren. Die Augen abwechselnd auf den Bildschirm des Handys oder die Sehenswürdigkeiten vor ihnen gerichtet, fahren sie in unsicherer Schlangenlinie – gerne auch nebeneinander – durch die Stadt. Ein großer Spaß für die einen, eine Herausforderung für einen flüssig fließenden, urbanen Radverkehr. Billige Flugtickets, Airbnb-Unterkünfte und das Mobiltelefon haben diesen Super-GAU erst möglich gemacht.

The rent-a-bikes
the perfect storm

These people are usually met in swarms of 5 to 20 people in the centres of large cities, where they can likewise block roads and bike lanes. Eyes directed alternately on the screen of the cell phone or at the must-sees in front of them, they bike unsteadily in serpentine lines through the city. Great fun for sure, but a bloody challenge to anyone who really needs to get somewhere. Cheap airline tickets, airbnb accommodations and the cell phone have made this perfect storm possible in the first place.

Technologie	●●●●	**Zeitgeist**	●●●●●●
Preis	●●	**Geschwindigkeit**	●●
Öko-Faktor	●	**Nutzen**	●
Stil	●	**Häufigkeit**	●●●●●

… **10**

Die Unzertrennlichen
bis dass der Tod uns scheidet

„Auch ein schöner Rücken kann entzücken", denkt sich der hinten Sitzende und wischt sich routiniert die Strähne der Vorderfrau aus dem Gesicht. Das Tandem ist ein Gefährt der innig Verbundenen, der sich Liebenden und Unzertrennlichen. Kein Tritt wird ohne den Partner oder die Partnerin unternommen, keine Entscheidung getroffen, keine Party alleine besucht. Bei dieser nach außen getragenen Zweisamkeit schwingt eine passiv-agressive Botschaft mit: Wer nicht dauernd den feucht-warmen Atem des Partners im Nacken ertragen kann, sollte lieber gleich Single bleiben.

The inseparables
till death do us part

"A beautiful back can also be delightful," thinks the person sitting in the rear of the tandem wiping a strand of hair from the person in front of him. The tandem is a vehicle of the intimately connected, the lovers and inseparables. No ride without the partner, no decision made solo, no party attended alone. This pointedly overt behaviour resonates with a passive-aggressive message: "If you can't bare the moist, warm breath of your partner on your neck you might as well stay single in the first place!"

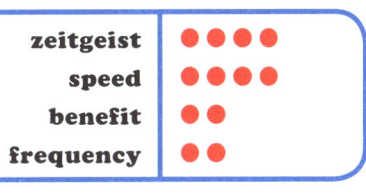

technology	●●	zeitgeist	●●●●
price	●●●●	speed	●●●●●
eco-factor	●●	benefit	●●●
style	●●●●●	frequency	●●

33

Der Minimalist
Einmal Fahrrad ohne alles, bitte!

Der Minimalist ist ein Mensch, für den schon wenig zu viel ist. Alles Schmückende wird als Schnickschnack verachtet. Sein Besitz passt in einen Schuhkarton, sein Leben ist vollständig digital und papierlos. Obwohl er generell den profanen Dingen des alltäglichen Lebens nichts abgewinnen kann, kommt es bei den wenigen Objekten, für deren Besitz er sich entschieden hat, zu einer fast sakralen Überhöhung: So verehrt er z. B. das Design eines Apple-Computers und schaut verständnislos auf diejenigen herab, die sich mit einem ordinären PC zufrieden geben. Das pure Vergnügen ist ein Fahrrad ohne Schaltung, Rücktritt und Bremsen.

The minimalist
the essence of cycling

Even a little is just too much for the minimalist. Everything decorative is despised as knickknack. All his possessions fit into a shoebox, his life is completely digital and paperless. He is generally immune to the mundane things of everyday life. However, when it comes down to the very few objects he has decided to own, an almost sacral exaltation takes place: he worships the design of an Apple computer and looks down on those who use an ordinary PC. The purest pleasure is a bike without gears, backpedal and brakes.

Technologie	●	**Zeitgeist**	●●●●●●
Preis	●●●●●	**Geschwindigkeit**	●●●●
Öko-Faktor	●●	**Nutzen**	●
Stil	●●●●●	**Häufigkeit**	●●●

Der Essensbote

durch Hitze und Hagel

Von hungrig bis wütend in 10 Sekunden? Rufen Sie den Lieferdienst an und nach einer kurzen Zeit des bangen Wartens werden Pizza, Paella oder Peking-Ente zu Ihnen gebracht! Lauwarmes Essen in einem Berg aus Abfall. Eine moderne Klasse digitaler Tagelöhner*innen, die sich per App zur Arbeit melden, Aufträge erhalten und per App bezahlt werden, bewegt sich per Fahrrad durch die Stadt. Ihre Uniform ist halb Reklameschild, halb Thermobox. Fahrradfahren für das feudale Gefühl anderer sich einen Dienstboten leisten zu können.

The delivery rider

through headwaves and hailstorms

From hungry to hangry in 10 seconds? Call the delivery service and after a short time of anxious waiting pizza, paella or papadam is brought to you! Luke warm food in a mountain of trash. A modern class of digital day labourers who report to work via app, receive orders, and get paid via app, move around the city by bicycle. Their uniform is half billboard, half thermo box. But what are they really selling? The feudal feeling of being able to afford a servant.

technology	●●	zeitgeist	●●●●●●
price	●●●●●	speed	●●
eco-factor	●●●●	benefit	●●●●
style	●	frequency	●●●●●●

Die Rikscha-Touristen

Man lässt schwitzen.

„Honey, ich bin heute schon sooo viel gelaufen! Lass uns eine dieser lustigen Rikschas nehmen und etwas Sightseeing machen." Wenn der Rikscha-Fahrer diese wohlhabend-verwöhnte Seufzer plötzlicher Schwäche hört, wittert er ein Geschäft. Klar, das Geld ist hart verdient, aber was gibt es besseres als die Freiheit, den ganzen Tag im Sattel zu sitzen? Die Fahrrad-Rikscha wurde in westlichen Städten als umweltfreundliche Alternative zum motorisierten Taxi eingeführt, was sich aber nie richtig durchgesetzt hat. Heute verdient das Rikscha-Unternehmen das meiste Geld mit – man glaubt es kaum – an der Rikscha befestigter Werbung.

The rickshaw tourists

Let'em sweat!

"Honey, I've already walked sooo much today! Let's take one of those fun rickshaws and do some sightseeing." When the rickshaw driver hears these sighs of sudden weakness, he senses a business. Sure, the money is hard earned, but what could be better than the freedom of sitting in the saddle all day? The bicycle rickshaw was introduced to Western cities as an environmentally friendly alternative to the motorised taxi, but it never really caught on. Today, the rickshaw company earns most of the money from – believe it or not – advertising on the bike itself.

Technologie	●●●	**Zeitgeist**	●●●●
Preis	●●●●●	**Geschwindigkeit**	●
Öko-Faktor	●●●●	**Nutzen**	●●
Stil	●●	**Häufigkeit**	●●●

Die Beisitzerin

Liebe spontan!

Gelten die Unzertrennlichen auf ihrem Tandem als institutionalisierte Form einer zementiert-monogamen Beziehung, so ist die Beisitzerin ihr spontanes Pendant. Kurzerhand springt sie auf den Gepäckträger der Auserwählten und fährt eine kurze Strecke mit. So teilt man sich schöne Momente, stückchenweise das Leben, andere Menschen und Eindrücke. Wird es aber zu unbequem oder zu anstrengend, springt man ab, küßt die Fahrerin oder den Fahrer zum Abschied ein letztes Mal und wendet sich neuen Gefährten zu. Die Auswahl ist riesig, nur auf einem Tandem will man nie landen!

The sidekick

crush or crash

While the simultaneous paddling of the inseparables is regarded as the institutionalised form of a cemented monogamous relationship, the spontanous lift is the joyful counterpart. Without further ado, the sidekick jumps on the bike rack of the chosen one and rides along for a short while. This is how beautiful moments are shared, bits and pieces of life, other people and impressions. But if it gets too uncomfortable or too strenuous, you jump off, kiss the driver goodbye one last time and move on to new companions. The range is huge – afterall, who wants to end up on a tandem!

technology	●●	zeitgeist	●●●●●
price	●	speed	●●
eco-factor	●●●●●	benefit	●●●●●
style	●●●●●	frequency	●●●●

Das Anhängsel
im Babyzelt durch die Rushhour

Das angehängte Kind macht seine erste klaustrophobische Erfahrung in einem Highend-Fahrradanhänger, der es direkt auf Höhe einer Stoßstange platziert. Während Vater oder Mutter den Verkehr gut im Blick haben, erleidet es hinten tausend Mini-Tode. Plötzlich tauchen Scheinwerferlichter auf, die sich rasend schnell auf es zubewegen. Das Auto bremst ruckartig ab, weil der Fahrer im letzten Moment erkennt, dass hinter dem Rad noch ein Anhänger kommt. Das war knapp! Wie kann man nachhaltiger das Urvertrauen eines Kindes zerstören, als es im Babyzelt durch die Rushhour zu schleppen?

The appendage
through rush hour in a baby tent

The following child has its first claustrophobic experience in a high-end bicycle trailer that places it directly at the height of a bumper. While father or mother have a good view of the traffic, it suffers a thousand mini-deaths. Suddenly, headlights appear, moving towards it at breakneck speed. The car brakes abruptly because the driver realises at the last moment that there is a trailer coming up behind the bike. That was close! How can you destroy a child's primal trust more permanently than schlepping it in a baby tent through rush hour?

Technologie	●●●●	Zeitgeist	●●●●●
Preis	●●●●●	Geschwindigkeit	●●
Öko-Faktor	●●●●●●	Nutzen	●●●●●
Stil	●●	Häufigkeit	●●●●●

In der Stadt

In the city

Der Individualist

liegend der Fahrrad-Revolution entgegen

Schaut euch dieses schöne Exemplar auf seiner Wundermaschine an! Ein normales Fahrrad wäre einfach zu gewöhnlich für diesen Liebhaber des Besonderen. Sein Herz schlägt für eine ganz spezielle Art der Fortbewegung: dem Liegen! Er liebt die heimlichen Blicke, die ihm als Individualisten im Verkehr begegnen, egal ob bewundernd oder spottend. Befrage ihn doch mal zu den Vorzügen des Liegefahrrads – aber Vorsicht, die anschließenden Ausführungen könnten ewig dauern!

The individualist

the laid-back revolution

Look at this beautiful specimen on his miracle machine! An ordinary bicycle would simply be too standard for this lover of the special. His heart longs for a very particular kind of locomotion: lying down! He equally loves the sneaky glances and bold stares, may they be full of admiration or mockery. Ask him about the advantages of the recumbent bike, but be careful, the lecture that follows will take forever.

technology	●●●●●●	zeitgeist	●●
price	●●●●●	speed	●●●●
eco-factor	●●●	benefit	●●
style	●●●●	frequency	●

Die Spediteurin
wenn es auf die Größe ankommt

„Der lange John", wie dieses Fahrrad liebevoll genannt wird, wurde schon vor 100 Jahren in Dänemark entwickelt. So lange gibt es das Konzept Lastenrad, das bereits damals für Zuladungen bis 100 kg ausgelegt war. Das moderne Pendant im stromlinienförmigeren Design und mit kräftiger E-Motor-Unterstützung fährt heute massenhaft durch die Stadt und transportiert alles von Altpapier bis hin zu Zementsäcken. Die Spediteurin aber bleibt ihrem originalen, unmotorisierten Johnny treu und fährt damit ihre Haustierbande zum nächsten Freigehege.

The hauler
when size matters

"The long John", as this bicycle is affectionately called, was developed in Denmark 100 years ago. That's how long the concept of the cargo bike has already existed. It was designed for loads of up to 100 kg. Today, the modern, streamlined version is powered by an electric motor which helps to transport everything from old newspapers to new washing machines. The hauler however remains true to her original, unmotorised Johnny and utilizes it to drive her pet gang to the nearest outdoor enclosure.

Technologie	●●	Zeitgeist	●●●●
Preis	●●●●	Geschwindigkeit	●●
Öko-Faktor	●●●●●●	Nutzen	●●●●●
Stil	●●●●●	Häufigkeit	●●

Die beige Brigade
die Elektrifizierung des Alters

Der beigen Brigade begegnet man häufig auf Ausflügen auf den Radwanderwegen der näheren Umgebung. Das Fahrrad mit extra tiefem Einstieg und oftmals elektrischer Unterstützung hilft, die Umwelt gelenkschonend zu erkunden. Auf gerader Strecke dient der Elektromotor zum Vorwärtskommen, im innerstädtischen Bereich führt er zu riskanten Manövern durch einen allzu sportlichen Fahrstil. Sowohl Mann als auch Frau schätzen die Sonderposten der Discounter. Dort findet er jede Saison ein paar neue, im dezenten Beige gehaltene Hosen mit abnehmbaren Beinen, und sie sucht ihm dazu passende, bunt karierte Freizeithemden aus.

The beige brigade
the electrification of old age

The beige brigade is often spotted on excursions in the countryside. The bicycle with extra-low entry and electric assistance helps to explore the near surroundings in a way that is easy on the joints. On straight stretches, the electric motor pushes forward; in crowded city areas, it leads to risky manoeuvres due to an overly energetic style of riding. Both man and woman appreciate the special items at the discounter. Each season, he purchases a new pair of trousers with detachable legs in one of 99 shades of beige, and she picks out matching colourful checkered casual shirts for him.

technology	●●●	zeitgeist	●
price	●●●●●	speed	●●●
eco-factor	●●●●	benefit	●●●●
style	●	frequency	●●●●●●

Der Connoisseur
Mit Bedacht wird Kaffee gemacht.

Gibt es etwas nerdigeres als einen Barrista? Oh ja, einen Barrista auf einem Fahrrad! Kaffee- und Fahrradkultur vereint in der gewichtigen Aufgabe erlesenen Kaffee dorthin zu bringen, wo der agile Stadtmensch gerne seine Freizeit verbringt: in Parks, auf Events oder Märkten. Sein Fahrrad ist ein dreirädriges Lastenfahrrad, dessen Herzstück eine original italienische Siebträgermaschine ist. Er hat über das richtige Zusammendrücken des Espresso-Pulvers (in der Fachsprache „Tampering" genannt) seine Doktorarbeit verfasst, nun habilitiert er über den perfekten Röstgrad der Kaffeebohnen zur Zubereitung von Vegan Almond Macchiato.

The connoisseur
two nerds in one

Is there anything more nerdy than a barrista? Oh yes - a barrista on a bicycle. Coffee culture and bicycle culture united in the weighty task of bringing exquisite coffee to where agile city dwellers like to spend their free time: in parks, at events or markets. His bicycle is a three-wheeled cargo bike whose centrepiece is an original Italian portafilter machine. He wrote his doctoral thesis on the correct compression of the espresso powder (known as "tampering" in the trade), and is now writing his second book on the perfect degree of roasting coffee beans for preparing Vegan Almond Macchiato.

Technologie	●●●●●	Zeitgeist	●●●●●
Preis	●●●●●●	Geschwindigkeit	●
Öko-Faktor	●●●●	Nutzen	●●●●●
Stil	●●	Häufigkeit	●●

Die Schwerelose

Es gibt nur zwei Gegner: Verkehrsregeln und Schwerkraft.

Es gibt eine Zeit in der Kindheit, in der man fast mit dem Fahrrad verschmilzt. Freihändig fahren, nur auf dem Hinterrad balancieren, todesmutig einen Berg hinunter rasen sind alles Erinnerungen an eine Freiheit, die man nur auf dem Fahrrad erleben kann. Diese Freiheit endet spätestens in der dritten Klasse, wenn man seine Bahnen auf dem Verkehrserziehungsplatz drehen muss, einer Miniatur-Verkehrslandschaft mit roten Ampeln, Stoppschildern und überambitionierten Polizist*innen. Danke, Leben!

The libertine

There are only two opponents: traffic rules and gravity.

There is a time in childhood when you almost become one with your bicycle. Riding freehand, balancing only on the rear wheel, racing with death-defying courage down a hill are all memories of a freedom you can only experience on a bike. This freedom ends in the third grade at the latest, when you have to do your laps at the traffic education course: a miniature traffic landscape with red lights, stop signs and overambitious police officers. Thanks a lot, life!

technology	●	**zeitgeist**	●●
price	●●	**speed**	●●●●●
eco-factor	●●●●●	**benefit**	●
style	●●●●●●	**frequency**	●●●●

Der Bürgerliche

bewahren statt fahren

Der Bürgerliche fährt ein Fahrrad aus Stahl und Leder. Jede Komponente ist einzeln nach Wertigkeit und Langlebigkeit ausgewählt. Er kennt nicht nur den Bauern, von dem die Sattlermanufaktur das Leder für die Taschen bezieht, nein, er kennt sogar den Namen der Kuh, deren Kälbchen seine Haut zur Verfügung gestellt hat. Nach einem monatelangen Bestellvorgang, bei dem das Einzelstück immer wieder auf Tauglichkeit geprüft wurde, steht das neue Fahrrad nun endlich bei ihm in der Garage. Nach drei Ausflügen im Mai, um die regionale Baumblüte zu bewundern, ist die Saison auch schon wieder vorbei und das Schätzchen wird gefettet und poliert fürs nächste Jahr eingemottet.

The commoner

restore rather than ride

The commoner rides a bicycle made of steel and leather. Each component is individually selected for value and durability. Not only does he know the farmer from whom the saddlery orders the leather for the bags, no, he even knows the name of the cow whose calf provided its hide. After a months-long ordering process, during which the unique piece was tested again and again for suitability, the new bike is finally in his garage. After three trips in May to admire the regional tree blossom, the season is already over and the treasure is greased and polished and mothballed for forever… or next year.

Technologie	●●●●	**Zeitgeist**	●●●●●
Preis	●●●●●	**Geschwindigkeit**	●●
Öko-Faktor	●●	**Nutzen**	●
Stil	●●●●●	**Häufigkeit**	●●

Der Befähigte

Mobilität ist kein Hobby, sondern ein Recht.

Wenn ich einen Menschen auf einem Rollstuhlfahrrad sehe, denke ich an meinen Onkel Jürgen, der 1945 mit Osteogenesis Imperfecta, besser bekannt als sogenannte Glasknochenkrankheit, geboren wurde. Da er nicht gehen konnte, war er schon als Kind auf einen fahrbaren Untersatz angewiesen. Wo andere Kinder im Berliner Hinterhof noch auf Holzrollern fuhren, hatte er ein mit Hebelbewegungen per Arm angetriebenenes dreirädriges Gefährt, womit er natürlich im Zentrum des kindlichen Begehrens stand. Jede mit dem Rollstuhl unüberwindbare Stufe erinnert mich daran, dass Teilhabe an Mobilität immer noch weit davon entfernt ist, eine Selbstverständlichkeit zu sein!

The able cyclist

Mobility is not a hobby, but a right.

Whenever I see a person on a wheelchair bicycle, I am reminded of my uncle Jürgen, who was born in 1945 with osteogenesis imperfecta, better known as so-called brittle bone disease. Since he couldn't walk, he was depending on a wheeled vehicle even as a child. While other children in Berlin's backyard still rode on wooden scooters, he had a three-wheeled vehicle driven by lever movements with his arms. This, naturally, put him at the centre of desire of the other kids. Every little obstacle makes me aware of the fact that participation in mobility is still far from being a matter of course!

technology	●●●	zeitgeist	●
price	●●●●●●	speed	●●●
eco-factor	●●●●●	benefit	●●●●●●
style	●●●●●●	frequency	●

Die Outdoor-DJane

Musik non stop

Ist der lange graue Winter endlich vorbei und erste grüne Spitzen kündigen die warme Jahreszeit an, erhöht sich nicht nur das allgemeine Fahrradaufkommen, sondern auch eine ganz besondere Person taucht in den Parks der Großstadt auf. Auf dem Lastenfahrrad ist ein ganzes DJ-Set montiert, ein großer Akku versorgt es mit Strom. Bald zieht der Bass eine kleinere oder größere feierwütige Menschmenge an und der Park wird zu einem einzigartigen Freiluft-Club. Die Großstadt feiert umsonst und draußen bis ein Wolkenbruch oder die Polizei die Versammlung auflöst – oder eine CDU-geführte Regierungskoalition den Bürgermeister stellt.

The outdoor DJane

music non-stop

When the long grey winter is finally over and the first green peaks herald the warm season, not only does the amount of cyclists increase, but a very special person also can be seen in the parks of the big city. A whole DJ set is mounted on the cargo bike, a large battery supplies it with power. Soon the bass attracts a party-hungry crowd, and the park becomes a unique open-air club. The big city celebrates until a cloudburst or the police break up the gathering – or a conservative government coalition provides the mayor.

Technologie	●●●●●●	Zeitgeist	●●●●●●
Preis	●●●●●	Geschwindigkeit	●●
Öko-Faktor	●●	Nutzen	●●●●●
Stil	●●●●●●	Häufigkeit	●

Im Park

In the park

Das Dreikäsehoch

Im Einsatz, aus dem Weeeeeg!

Kaum kann dieses irdische Neubürgerchen einigermaßen geradeaus laufen, kaufen ihm seine stolzen Eltern ein hölzernes Laufrad. Erstaunlich schnell wird dieses kleine Ur-Fahrrad gemeistert und auf gerader Strecke zu unglaublicher Geschwindigkeit gebracht. Kurvenfahren und Bremsen werden dagegen noch nicht beherrscht, was den Eltern regelmäßig den kalten Angstschweiß auf die Stirn treibt. Das Dreikäsehoch bekümmert das allerdings wenig, denn mit Tunnelblick und den Bauch voller Glücksgefühlen strampelt es sich in einen taumelnden Geschwindigkeitsrausch.

The tiny tot

Places to go, out of the waaay!

As soon as this new inhabitant of the earth is able to walk in a straight line his proud parents buy him a wooden balance bike. Amazingly fast, this little primitive bicycle is mastered and brought to incredible speed on straight roads. Sadly, cornering and braking are not yet learned, which regularly makes the parents break out in a cold sweat. However, this doesn't bother the tiny tot much, with tunnel vision and a belly full of joy, it pedals itself into a staggering speed frenzy.

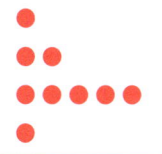

technology	●	zeitgeist	●●●●●
price	●●	speed	●●●●●●
eco-factor	●●●●●	benefit	●
style	●	frequency	●●●

Das ewige Kind

Alt werden kann jeder.

Ist das Bonanza-Bike nicht der Goldstandard des 1970er Jahre Designs? Ein kleines Fahrrad, das wie ein Motorrad aussieht – konnte es je besser werden als das? Der lange Sattel, die verchromte Sissy-Bar, der analoge Tacho, die Schaltbox und der hochgezogene Lenker – dieses Schmuckstück von einem Fahrrad ist ein wahr gewordener Traum für jeden kleinen Mann, der nicht erwachsen werden will.

The young at heart

Growing up is for all the others.

Isn't the Bonanza bike the gold standard of 1970s design? A small bike that looks like a motorbike - could it ever get better than that? The long saddle, the chromed sissy bar, the analogue speedometer, the gearbox and the raised handlebars - this gem of a bike is a dream come true for every little man who doesn't want to grow up.

Technologie	●●●●●●	Zeitgeist	●●●●●●
Preis	●●●●●	Geschwindigkeit	●●
Öko-Faktor	●●	Nutzen	●
Stil	●●●●●●	Häufigkeit	●

Das Roller Girl

rastlos durchs Leben

Das Roller Girl strampelt sich nicht ab, um vorwärts zu kommen. Lieber tritt es drei, vier mal kräftig an, um dann auf der weiteren Strecke das Momentum zu genießen. Sie wechselt gekonnt zwischen Standbein und ein Spielbein und generiert daraus ihre Lebensenergie. Bergrunter geht immer, berghoch wird meistens geschoben. Wenn sie etwas auf ihrem Weg interessiert, unterbricht sie die Fahrt oder wechselt das Ziel. Ziel? Welches Ziel? Nur manchmal, wenn das Rauschen im Kopf zu groß wird, blitzt der Gedanke auf, ob ein etwas weniger wechselhaftes Dasein nicht doch seine Vorzüge hätte.

The roller girl

restless through life

The roller girl doesn't pedal hard to move forward. She prefers to push off the ground three or four times and then enjoys the momentum as she continues on her way. She alternates skillfully between support leg and free leg – and from that she generates her vital energy. Downhill is easy, uphill usually involves wheeling. If there is something on the way that interests her, she interrupts the ride or changes the destination. Destination? What destination? Ever so often, when the noise in her head becomes too overwhelming, does the thought arise that a steadier existence might have its advantages.

technology	●	zeitgeist	●●●●
price	●●	speed	●●●●●
eco-factor	●●●●	benefit	●●
style	●●●●●●●	frequency	●

Der kindliche Komplize

mein Kind, mein Kumpel

Der kindliche Komplize ist das Gegenteil zu überbesorgten Helikopter-Eltern. Gäbe es in der Kinderabteilung Kleidung in Männergröße, wäre er dort der beste Kunde, so sehr passt er sich dem Äußeren nach seinem Kindchen an. Auf dem Weg nach Hause wird es schwupps auf den Gepäckträger gesetzt. Warum auch nicht, was kann schon passieren? Begegnet man ihm dann in der Notaufnahme, wo das weinende Kindchen gerade einen Gips bekommt, ist sein Blick doch arg zerknirscht und das leichte Herz des Kind-sein-Wollens füllt sich schwer mit Selbstvorwürfen. Wie unangenehm erwachsen sich das doch anfühlt!

The child confederate

my child, my partner in crime

The child confederate is the opposite of overprotective helicopter parents. If there were clothes in men's sizes in the children's department, he would be their best customer. Approbation is everything. On the way home, he puts his offspring on the luggage rack. What could go wrong? Later, in the hospital, you find the child crying with a plaster cast and a father whose heart is filled with bitter self-reproach. How painful growing-up can be!

Technologie	●●●	**Zeitgeist**	●●●●●●
Preis	●●●●	**Geschwindigkeit**	●●
Öko-Faktor	●●●	**Nutzen**	●●●
Stil	●●	**Häufigkeit**	●●●●

Der Allwettermensch

365 Tage im Jahr Fahrrad fahren

„Es gibt kein schlechtes Wetter, nur falsche Kleidung!", lautet die Antwort des Allwettermensches auf die erstaunte Frage, ob er denn wirklich bei diesem Wetter mit dem Fahrrad zur Arbeit gekommen sei. Dünnt sich gegen Herbst die Menge der Fahrradfahrenden allmählich aus, wird ein Typus Mensch sichtbar, der bei gewöhnlichen Konditionen nicht weiter auffällt: Der Allwettermensch. Selbst bei Schnee kämpft er sich über nicht geräumte Fahrradwege. Erst wenn die Fingergelenke beim Bremsen vor Kälte leise knacken, fühlt er sich lebendig, denn er weiss: „Nur die Harten kommen in den Garten!".

The all-weather man

cycling 365 days a year

"There is no such thing as bad weather, only the wrong clothes!" is the answer of the all-weather man to the astonished question of whether he really came to work by bicycle in these inclemencies. When the crowd of cyclists gradually thins out towards autumn, a type of person becomes visible who does not stand out in ordinary conditions: the all-weather man. Even in a winter storm, he struggles along frozen over bicycle paths. Only when his finger joints crack from the cold, does he feel alive, because he knows: „When the going gets tough, the tough get going!"

technology	●●●	zeitgeist	●●●●
price	●●●●●	speed	●●●●
eco-factor	●●●●●●●	benefit	●●●●●●●
style	●●●	frequency	●●

Das weiße Rad

ein Abschied

Ein komplett weiß angemaltes Fahrrad steht einsam an eine Laterne angeschlossen an einer befahrenen Kreuzung. Manchmal liegen noch Blumen davor und ein Zettel erinnert an einen Menschen, der sein Leben als Radfahrer*in in einer auf den Autoverkehr ausgerichteten Stadt verloren hat. Einer der häufigsten Unfallursachen sind Abbiegeunfälle an Ampeln. Aber auch das Zuparken der Fahrradwege, das die Radler*innen zwingt in den fließenden Verkehr auszuweichen, ist ein großes Risiko. Leider stehen viel zu viele weiße Räder in Stadt.

The ghost bike

a farewell

A bicycle painted completely white stands lonesomely attached to a lamppost at a busy intersection. Otherwhiles there are still flowers in front of it and a note commemorates a person who lost his or her life as a cyclist in a city designed for car traffic. One of the most frequent causes of accidents are turning manoeuvres at traffic lights. But also blocking the bike lane, which forces cyclists to swerve into moving traffic, is a major risk. Unfortunately, there are far too many ghost bikes in my city.

Technologie **Preis** **Öko-Faktor** **Stil**	**Zeitgeist** **Geschwindigkeit** **Nutzen** **Häufigkeit**

Im Fahrradladen

At the bike shop

Der Kulturbringer

Der Bote ist die Botschaft.

Die Fahrradkurier*innen waren lange das noch fließende Hämaglobin einer im Verkehrsinfarkt steckenden Mobilität. Wenn nichts mehr geht, die Straße ein hupender Dauerstau ist, schlängeln sie sich durch die Automassen und bringen ihre Lieferungen todesmutig und termingerecht ans Ziel. In diesem Sinne bewegen sie sich nicht nur im Herzschlag der Stadt, sondern sind auch Begründer*innen einer urbanen Kultur, bei der sich alles um ein selbstbestimmtes, autarkes und nachhaltiges Leben dreht. Deshalb passt auf sie auf und vor allem „Don't kill the messenger!".

The culture hero

The messenger is the message.

For a long time, bike messengers were the still-flowing haemoglobin of a mobility in gridlock. When nothing works, when the street is a honking traffic jam, the couriers weave their way through the masses of cars. They deliver on time with death-defying courage. In this sense, they not only move in the heartbeat of the city, but are also the founders of an urban culture that is all about self-determined, self-sufficient and sustainable living. So please watch out for them and above all: "Don't kill the messenger!

technology	●●	**zeitgeist**	●●●●●
price	●●●●	**speed**	●●●●●
eco-factor	●●●●●	**benefit**	●●●●●
style	●●●●●●	**frequency**	●●●

Die Speed-Queen

im Windkanal getestet

Man spürt einen kräftigen Windstoß und schon ist die Speed-Queen an einem vorbei gerauscht. Schemenhaft erahnt man ein buntes Trikot voller Sponsorennamen und einen Helm, der sich aerodynamisch an Kopf und Rücken schmiegt. In freier Natur sieht man sie allerdings selten, ihr eigentliches Habitat ist die hölzerne Rennbahn, auf der sie mit stoisch-gleichförmigen Bewegungen ihre Kreise dreht. Man könnte fast meinen, dass jeder äußere Einfluß möglichst eliminiert werden soll, und das Rennen nur noch mit sich und der Technik unter Laborbedingungen ausgeführt wird. Sport als Mensch auf der Jagd nach der letzten Millisekunde.

The speed queen

streamlined to perfection

When you feel a strong gust of wind, the speed queen has already whizzed past you. You can just glimpse a colourful jersey full of sponsor names and a helmet that aerodynamically hugs your head and back. However, you rarely see her in the wild; her real habitat is the wooden racetrack on which she turns her circles with stoic, uniform movements. You could come to think that every extraneous influence is to be eliminated as much as possible, and the race is only with yourself and the technology under laboratory conditions. Sport – nothing but a human being in pursuit of the last millisecond.

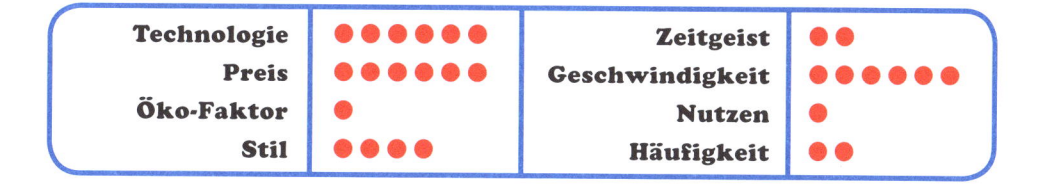

Technologie	●●●●●	**Zeitgeist**	●●
Preis	●●●●●●	**Geschwindigkeit**	●●●●●●
Öko-Faktor	●	**Nutzen**	●
Stil	●●●●	**Häufigkeit**	●●

Der Trashbiker

Liebe, die Leiden schafft.

Man stelle sich einen Drahtesel vor, der die letzten 15 Jahre vernachlässigt draußen im Hinterhof angekettet war, bis auch der letzte Rest seines einst würdevollen Daseins als Mischung aus Kettenfett und Rostwasser aus dem Tretlager getropft ist. In diesem Zustand fällt der schockverliebte Blick des Trashbikers auf das Objekt der Begierde, und er nimmt sich dieser kläglichen Kreatur an. Leider ist seine Kunstfertigkeit ein Fahrrad wiederzubeleben stark limitiert, so dass es beim ersten Ausritt so schrecklich ächzt, quietscht und scheppert, dass man anhalten und dem zitternden Geschöpf auf ausgestreckter Hand ein Ölkännchen reichen möchte.

The trashbiker

One man's trash is another man's treasure.

Imagine a two-wheeled steed that has spent the last 15 years neglected, chained up outside in the backyard, until the last vestige of its once dignified existence has dripped out of the bottom bracket as a mixture of chain grease and rust water. In this state, the eye of the trash biker, shocked in love, falls upon the object of desire, and he takes on this pitiful creature. Unfortunately, his skill at reviving a bicycle is severely limited, so that on the first ride it groans, squeaks and rattles so terribly that you want to stop and offer the trembling creature a can of oil on your outstretched hand.

technology	●	**zeitgeist**	●●●●
price	●	**speed**	●●
eco-factor	●●●●●	**benefit**	●●●●●
style	●	**frequency**	●●●●

Der Schnäppchenjäger

selbst geschossen

Der Schnäppchenjäger legt sich die Daumenschrauben des Kapitalismus selber an und stellt sich ans Ende einer Kette schlecht bezahlter Arbeiter*innen: Er baut sein Fahrrad, das er zum Schnäppchenpreis im Internet bestellt hat, selber zusammen. Nach mehrstündigem Geschraube, einem verbogenen Schaltarm, fünf übrig gebliebenen Kleinteilen und einem nicht funktionierenden Rücklicht, bringt er es reumütig zur Fahrradwerkstatt. Dort bezahlt er teuer für die Reparatur, darf sich dafür aber gratis einen Vortrag über seine Geiz-ist-geil-Mentalität anhören.

The bargain hunter

shot but missed

When defining his place at the end of the chain of poorly paid workers, the bargain hunter puts the thumbscrews of capitalism on himself: He orders a self-assembly bike kit for small money on the internet. After several hours of wrenching, a bent gearshift arm, five leftover parts and a malfunctioning rear light, he ruefully takes it to the bicycle repair shop. Here he will pay dearly for the repairs, but on the other hand he will get a free lecture on his cheap-is-awesome mentality.

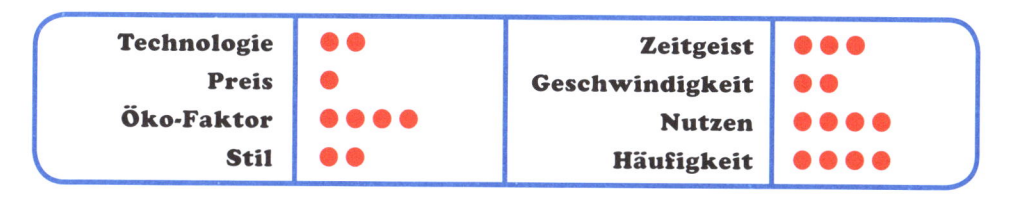

Technologie	●●	Zeitgeist	●●●
Preis	●	Geschwindigkeit	●●
Öko-Faktor	●●●●	Nutzen	●●●●
Stil	●●	Häufigkeit	●●●●

Der Selfmade-Ingenieur
je erhabener die Aussicht, desto dünner die Luft

Das doppelt hohe Rad wurde früher industriell produziert, denn es diente den Laternenanzündern als Fortbewegungsmittel. Die gasbetriebenen Straßenlaternen wurden damals einzeln angezündet, und so kam der Anzünder von Mast zu Mast, ohne vom Rad steigen zu müssen. Heute ist das doppelt hohe Rad das kühne Schweißprojekt eines Hobbybastlers, der zwei alte Räder zu einem vereint. Aufmerksamkeit ist garantiert, wenn man damit durch die Stadt fährt. Das nutzt der DIYler geschickt, um sein Zweit- und Drittgeschäft zu bewerben.

The self-made engineer
the more elevated the view, the thinner the air

The double-height bike used to be produced industrially because it served as a means of transport for the lantern lighters. The gas-powered street lamps were lit one by one, and with this construction the lighter could get from pole to pole without having to get off the bike. Today, the double-height bike is the bold welding venture of a hobbyist who has combined two old bikes into one. Attention is guaranteed when you ride it through the city. The DIY'er cleverly uses this to promote his second and third business.

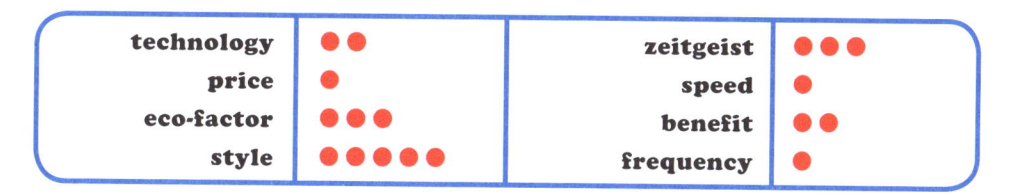

technology	●●	zeitgeist	●●●
price	●	speed	●
eco-factor	●●●	benefit	●●
style	●●●●●	frequency	●

Die Jugend

keine Rollen wollen

Früher, als die Menschen noch in zwei kleine Schublädchen gezwängt wurden, konnte man nur zwischen Herren- und Damenrad wählen, wobei das Herrenrad naturgemäß zuerst da war und das Damenrad in fast biblischem Sinne folgte. Glücklicherweise bricht diese starre Rahmenkonstruktion endlich auf und wir sind frei zu entscheiden, auf welchem der vielen unterschiedlichen Gefährt wir vorwärts kommen wollen.

The youth

roles outruled

In the past, when people were still crammed into two little pigeon-holes, you could only choose between a man's bike and a woman's bike, with the man's bike coming first, of course, and the woman's bike following in an almost biblical sense. Luckily, this rigid frame construction is finally breaking apart and we are free to decide on which of the many different vehicles we want to move on forward.

Technologie	●	**Zeitgeist**	●●●●
Preis	●●●	**Geschwindigkeit**	●●●
Öko-Faktor	●●●	**Nutzen**	●●●●●
Stil	●●●●●	**Häufigkeit**	●●●●

Am Meer

By the sea

Der Easy Rider
dem Traum hinterher

Bei genauerer Betrachtung scheint es zwei Sorten von Easy Rider zu geben. Den alten Rockertyp, der zwar fern aller Konformität gelebt hat, dem aber letztendlich die kriminelle Energie fehlte, sich einer echten Motorradgang anzuschließen. Und dann gibt es noch den Mitdreißiger-Macho-Mann, der mit seinem potemkinschen Gefährt den Eindruck vermitteln will, überhart und cool zu sein. Gemeinsam haben beide Typen, dass sie erstaunlich ironiefrei ihr verträumt-männliches Selbstbild pflegen, ohne zu merken, dass sich die Zeit irgendwie doch weiterdreht.

The easy rider
chasing the dream

On closer inspection, there seem to exist two types of easy rider. The old rocker who has outside any conformity but ultimately lacked the criminal energy to join a real motorbike gang. And then there's the thirty-something macho who wants to give the impression of being hyper-tough and cool with his Potemkin bike. What both types have in common is that they cultivate their dreamy, masculine self-image in a manner that is, astonishingly enough, exempt of irony, without noticing that time somehow keeps moving ahead.

technology	●●●	zeitgeist	●●
price	●●●●	speed	●●●
eco-factor	●	benefit	●
style	●●●●●	frequency	●●

Die Eine-Personen-Demo

Aktivismus aktiv

Man hört ihn schon von Weitem: Mit Klingeln und vom Band abgespielten Slogans mäandert die Ein-Personen-Demo durch den Stadtraum. Auf umgehängten Schildern steht eine politische Botschaft. Vielleicht wirkt sie befremdlich, vielleicht sogar ein bisschen irre, aber tatsächlich ist sie ein Ausdruck des demokratischen Rechts, gewünschte Veränderung in einer Gesellschaft sichtbar zu machen. Und was bietet sich dazu besser an als eine Fahrt mit dem Fahrrad durchs Viertel.

The one person demo

active activism

You can hear him from afar: with bells ringing and slogans playing from a tape, the one-person demonstration meanders through the city space. A political message is written on signs hung around his neck. It may seem strange, even a bit crazy, but in fact it is an expression of the democratic right to make visible the desire to change society. And what better way to do that than by cycling through the neighbourhood.

Technologie	●	Zeitgeist	●●
Preis	●	Geschwindigkeit	●●●●
Öko-Faktor	●●●●●	Nutzen	●●●●●
Stil	●●●●●	Häufigkeit	●

Der Vogelmensch

eine Legende

Der Vogelmensch ist ein Unikum. Am Lenker ist eine Sitzstange Marke Eigenbau für seine Papageien montiert, die er darauf spazieren fährt und ihnen im Park einen kleinen Ausflug gönnt. Vielleicht ist er ein einsamer Mensch, der mit anderen Menschen nicht so viel anfangen kann. Vielleicht ist er aber auch ein sehr geselliger Typ, der nur die Gemeinschaft einer schnatternden Bande Papageien gegenüber Menschen bevorzugt. Ich weiß es nicht. Auf jeden Fall ist er ein echter Lichtblick, wenn er mit seiner Vogelbande um die Ecke biegt und Stoff vieler begeisterter Erzählungen und urbaner Legenden. Einmal habe ich ihn sogar selbst gesehen!

The bird man

a legend

The bird man is unique. Mounted on the handlebars is a homemade perch for his parrots, which he treats to a little excursion as he rides his bike to the park. He might be a lonely person who doesn't get on well with other people. Or maybe he's a very sociable guy who just prefers the companionship of a chattering gang of parrots to people. I have no clue. In any case, he is a rocket flare when he turns the corner with his gang of birds and the stuff of many enthusiastic tales and urban legends. The other day, I even saw him myself!

technology	●●	zeitgeist	●●
price	●●●●●	speed	●
eco-factor	●●	benefit	●●●●
style	●●●●●	frequency	●

Das Gesetz

Reparieren. Sie. Endlich. Ihr. Fahrradlicht!

Die Fahrrad-Polizei und ihr Helferlein, das Ordnungsamt, könnten den politischen Willen für einer fahrradgerechten Stadt durchsetzen und zugeparkte Radwege freihalten, lebensgefährliches Überholen ahnden und Fahrradstraßen vom Autoverkehr befreien... Doch halt, habe ich gerade von dem politischen Willen für eine fahrradgerechte Stadt gesprochen?! Tja, da er oftmals flächendeckend fehlt, vergnügt sich die Polizei mit der Kontrolle der Beleuchtung, belegt Fahren auf dem Bürgersteig mit Bußgeld und beanstandet jedes Rad, was nicht zu 100% der Straßenverkehrsverordnung entspricht. Kann man machen!

The law

Fix. Your. Lights. Now!

The bicycle police and their little helper, the public order office, could enforce the political will for a bike-friendly city and clear parked bike lanes, punish life-threatening overtaking manoeuvres and free bike lanes from car traffic.... Wait, did I just mention the political will for a bicycle-friendly city?! But there is no such thing! That's why the police take pleasure in checking for missing lights, fining cyclists for riding on the pavement, and objecting to every bike that doesn't comply 100% with the road traffic regulations. First things first!

Technologie	●●●●	Zeitgeist	●●●●
Preis	●●●●●	Geschwindigkeit	●●●●●●
Öko-Faktor	●●	Nutzen	●●●
Stil	●	Häufigkeit	●●

Der Maßstab

Klein gedacht wird klein gemacht.

Das kleinste Fahrrad der Welt war anfangs nur eine wahnwitzige Idee, die technischen Grenzen des Fahrradfahrens auszuloten. Es wäre als Kuriosum leicht zu übersehen, wenn man nicht das Gefühl hätte, das Miniaturfahrrad als Maßstab bestimme die Wunschvorstellung konservativer Verkehrspolitik. Bei einem so kleinen Fahrrad müssten die Fahrradwege nur 30 cm breit sein, Fahrradparkplätze vor den Bahnhöfen würden in ein besseres Bücherregal passen und eine Fahrraddemo würde sich mit einem SUV so leicht auflösen lassen, wie ein Taubenschwarm, in den ein junger Hund hineinstürmt. Ein Träumchen!

The scale

Thinking small is made small.

The world's smallest bicycle was initially just a crazy idea to test the technical limits of cycling. It could easily be overlooked as a curiosity if one didn't have the feeling that the miniature bicycle as a scale determined the wishful thinking of conservative transport policy. With such a tiny bike, cycle lanes would only have to be 30 cm wide, bicycle parking spaces in front of railway stations would fit into an average bookshelf and a bicycle demonstration would be as easy to disperse with an SUV as a flock of pigeons into which an excited puppy rushes. A dream come true!

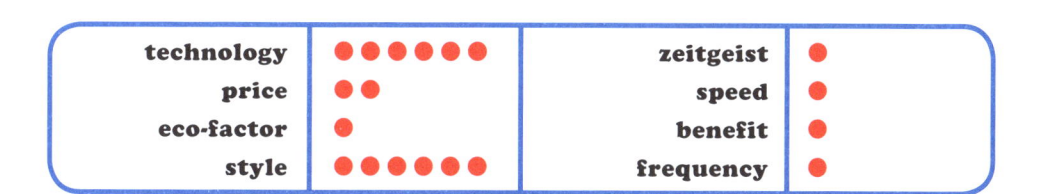

technology	●●●●●●	**zeitgeist**	●
price	●●	**speed**	●
eco-factor	●	**benefit**	●
style	●●●●●●	**frequency**	●

In den Bergen

In the mountains

Der Aufsteiger

Das Leben ist ein Kampf.

Der Aufsteiger will nach oben! Beständig tritt er in die Pedale, bis er schweißgebadet am Gipfel angekommen ist. Der kurze Moment der Befriedigung über die eigene Leistung wird von der Enttäuschung abgelöst, dass es nicht noch höher hinaus geht. Lang lebe die Leistungsgesellschaft!
Aber vergleicht man das Fahrrad mit persönlichem Privileg, so erkennt man, dass man mit dem ultraleichten Carbonfahrrad mit 21 Gängen recht mühelos den Gipfel erklimmt, aber man es mit einer 30-Jahre alten Ein-Gang-Gurke wahrscheinlich nie schafft. Fakten, die der Carbon-Fahrer abstreitet und der Ein-Gang-Fahrer nicht mehr in Frage stellt.

The climber

Living in battle mode.

The climber wants to go to the top! He pedals steadily until, drenched in sweat, he arrives at the summit. This brief moment of satisfaction regarding one's own achievement is replaced by disappointment that the sky is the limit. Long live meritocracy! But if you compare the bicycle with personal privilege, you realise, that you can climb the summit quite effortlessly with an ultralight carbon fibre bike with 21 gears, but you will probably never make it on a 30-year-old one-gear rust bucket. Facts that the carbon fibre rider denies and the junk bike rider no longer questions.

Technologie	●●●●●●	Zeitgeist	●●●●
Preis	●●●●●●	Geschwindigkeit	●●
Öko-Faktor	●	Nutzen	●●
Stil	●●	Häufigkeit	●●●

Die Absteigerin

unter Gejohle zur Talsohle

Im Gegensatz zum Aufsteiger kommt bei der Absteigerin erst bergrunter Freude auf. Die anstrengende Fahrt nach oben wird lässig mit einem kräftigen E-Motor unterstützt, so dass man trocken und ausgeruht am Gipfel ankommt. Hier beginnt dann der eigentliche Spaß, die Abfahrt. Mit so irrsinniger Geschwindigkeit stürzt sie sich dem Tal entgegen, dass es eher einem Runterrauschen als einer kontrollierten Fahrt gleicht. Bambi, Bartgeier und Bär können da nur mit den Augen rollen, der Aufsteiger beobachtet indessen die Szene und freut sich diebisch, seinen Gipfel mit niemandem mehr teilen zu müssen.

The downhiller

Fly-by bye bye!

In contrast to the climber, the downhiller gets the kick out of rushing down. The strenuous ride up is casually supported by a powerful electric motor, so that she arrives at the summit in a dry and rested composure. This is where the real fun begins, the descent. She plunges towards the valley in insane speed: it's a frenzy rather than a controlled ride. Bambi, bear and badger can only roll their eyes, while the climber watches the scene full of delight. After all he must not share his summit with anyone else.

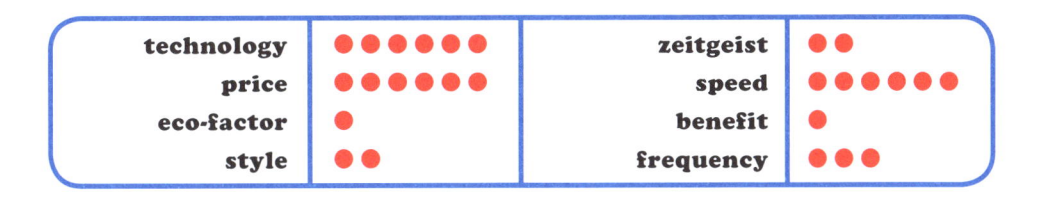

technology	●●●●●●	**zeitgeist**	●●
price	●●●●●●	**speed**	●●●●●●
eco-factor	●	**benefit**	●
style	●●	**frequency**	●●●

Der Abgefederte

ganzheitlich in Schwingung geraten

Die volle Federung ist nötig, wenn man über die Kopfsteinpflaster einer deutschen Altstadt oder die wurzelbedingten Plattenverwerfungen eines schlecht gepflegten Fahrradwegs fährt. Wie aus dem Nichts taucht dort im schwachen Licht ein kaum sichtbarer Hubbel auf, der den schnellen Radler beinahe aus dem Sattel schleudert. Für diese Eventualität jedoch ist der Abgefederte bestens gerüstet. Dafür nimmt er gerne in Kauf, dass sich die Fahrt auf normaler Strecke so butterweich ins Leere tretend anfühlt, als würde er in einem Wackelpudding einen Halbmarathon rennen müssen.

The shock absorber

wibble wobble over the cobble

Full suspension is necessary when riding over the cobblestones of any Old Town in Germany or the root-induced plate faults of a poorly maintained cycle path. As if from nowhere, a barely visible bump appears in the dim light, nearly throwing any fast cyclist out of the saddle. But the shock absorber with full suspension is well prepared for these kind of circumstances. For this, he gladly accepts that the ride on a ordinary track feels as wobbly as if he had to run a half marathon in Jell-O.

Technologie	●●●●●●	Zeitgeist	●●●
Preis	●●●●●●	Geschwindigkeit	●●●
Öko-Faktor	●●●	Nutzen	●●●●
Stil	●	Häufigkeit	●●●

Der Sonntagsfahrer
alles geben

Man begegnet dem Sonntagsfahrer in kleinen Grüppchen besonders in radsportverrückten Ländern wie Frankreich oder Italien. Das Bergfest der eigenen Leistungsfähigkeit ist längst gefeiert, was die enganliegende Fahrradkleidung aus Lycra nur schwer verhüllen kann, trotzdem würden die gefahrenen Touren einem normalen Fahrradfahrer einiges abverlangen. Erst wenn die Muskeln milchsäuregesättigt ihre Funktion einstellen, der Körper keinen einzigen Tropfen Schweiss mehr abgeben kann und das Blut eine Konsistenz von Glukosesirup hat, fühlt er sich seinen Idolen nahe. Von Aficionados wie ihm lebt der Fahrradsport!

The sunday rider
die trying

The Sunday rider comes in small groups especially in cycling-crazy countries like France or Italy. The tight-fitting cycling clothes made of Lycra can only barely conceal that he has long been past his best, but the tours ridden would still demand a lot from any mediocre cyclist. When the muscles stop functioning, saturated with lactic acid, when the body can no longer ooze a single drop of sweat and the blood has a consistency of glucose syrup, does he feel close to his idols. Cycling lives from aficionados like him!

technology	●●●●●●	zeitgeist	●●●
price	●●●●●●●	speed	●●●●●●
eco-factor	●●●	benefit	●●
style	●●●●	frequency	●●●

Die Urbanistin

die Stadt als Spielplatz

Die Urbanistin auf ihrem BMX-Rad betrachtet die Stadt als großen Spielplatz. Die glatt gepflasterte Fläche vorm Museum, das Treppengeländer als Sprungschanze, der Betonpoller als Parcour-Hindernis – die Stadt bietet der Urbanistin unendliche Möglichkeiten zur nicht-linearen Bewegung. Tatsächlich ist es nicht das Vorwärtskommen auf gerader Strecke, was sie interessiert, vielmehr bewegt sie sich wie ein energiegeladenes, ungebundenes Elementarteilchen in einer Stadt, die sie mal anzieht und mal abstößt. Im freien Flug zur nächsten Kollision!

The urbanist

The city is a playground.

The urbanist on her BMX bike sees the city as a big playground. The smoothly paved area in front of the museum, the stair railing is a jumping hill, the concrete bollard is a parcours obstacle - the city offers her endless possibilities for all kinds of non-linear movement. In fact, moving in a straight line doesn't interest her at all, rather she moves like an energetic, unbound elementary particle in a city that sometimes attracts and sometimes repels her. In free flight to the next collision!

Technologie	●●●	Zeitgeist	●●●●●
Preis	●●●●	Geschwindigkeit	●●
Öko-Faktor	●●	Nutzen	●
Stil	●●●●●	Häufigkeit	●●

Die Wankelmutigen

entflammt, verbrannt und auferstanden

Das Einrad ist ein Traum siebenjähriger Mädchen und mittelalter Jungs. Viele probieren es aus, doch nur sehr wenige packt die Leidenschaft, sich länger als einen Nachmittag damit zu beschäftigen. Dementsprechend oft findet man fast neue Einräder auf Flohmärkten oder in Kleinanzeigen. Dort liegen sie dann zwischen Diabolos, Didgeridoos und Dinosaurierbüchern und warten ungeduldig auf ein glühendes Kinderherz, das sich plötzlich für ein Einrad entflammt. Und aus der Asche breitet es erneut seine Speichen aus …

The tricky ficklers

afire, burned, revived

The unicycle is the dream of seven-year-old girls and middle-aged boys. Many try it out, but very few are gripped by the passion to spend more than an afternoon on it. Accordingly, one often finds almost new unicycles in small ads or at garage sales. There they lie among diabolos, didgeridoos and dinosaur books, impatiently waiting for a glowing child's heart to suddenly catch fire for a unicycle. And from the ashes it spreads its spokes once more …

technology	●	**zeitgeist**	●●●
price	●	**speed**	●
eco-factor	●	**benefit**	●
style	●●	**frequency**	●●

47

Die Unternehmerin
mobile Köstlichkeiten

Die Küchenchefin betreibt eine hochfunktionale Küche auf kleinstem Raum, montiert auf ein dreirädriges Lastenfahrrad. In Europa ist sie eher selten anzutreffen, in Südostasien sieht man sie an jeder Ecke. Das Angebot ist reduziert, aber spezialisiert, in jeder fahrbaren Küche erhält man ein anderes wunderbares Gericht. Über Jahre hinweg werden die Speisen so verfeinert, dass in den letzten Jahren selbst das weiße Gottmännchen der Gummireifen aus Frankreich dafür den einen oder anderen Stern vergibt. Bon appétit!

The entrepreneur
mobile delicacies

The chef runs a highly functional kitchen in the smallest of spaces, mounted on a three-wheeled cargo bike. In Europe it is rather rare, but in Southeast Asia you can see it on every corner. The range is reduced, but specialised, because in each mobile kitchen you get a different wonderful meal. Over the years, the dishes are refined to such an extent that, lately, even the white god-man of rubber tyres from France has awarded it a star or two.
Bon appétit!

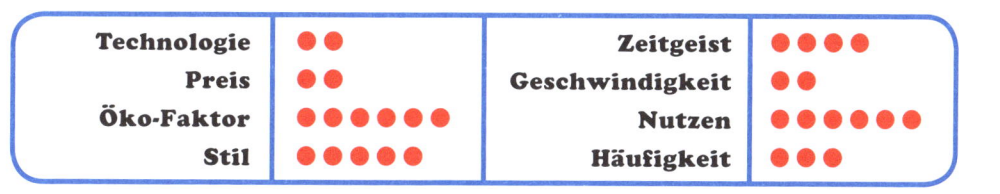

Technologie	●●	Zeitgeist	●●●●
Preis	●●	Geschwindigkeit	●●
Öko-Faktor	●●●●●●	Nutzen	●●●●●
Stil	●●●●●	Häufigkeit	●●●

Am Kanal

At the canal

Die Radreisende

Kilometer zählen.

Sie ist die Transamericana von Alaska bis Feuerland gefahren, hat eine Reise durch die Mongolei gemacht und war in jedem der 47 europäischen Länder mit dem Fahrrad unterwegs. Sie fährt so beständig Fahrrad, dass ihr das Gehen bereits schwer fällt. Ihr Gang, bei dem sie die Knie auffallend ruckartig nach oben zieht, erinnert an den eines Matrosen auf Landgang. Nach mehr als 150.000 Kilometern im Sattel hat sie eine Lektion gelernt: Auf dem Fahrrad kommt der Regen immer von vorne.

The bikepacker

Kilometers count.

She has ridden the Transamericana from Alaska to Argentina, she made a trip through Mongolia and cycled in every one of the 47 European countries. She cycles so consistently that walking is already difficult for her. Her gait, in which she pulls her knees up with a conspicuous jerk, is reminiscent of that of a sailor on shore leave. After more than 150,000 kilometres in the saddle, she has learned a lesson: on a bicycle, the rain always pours down from up front.

technology	●●●●	zeitgeist	●●●●●●
price	●●●	speed	●●
eco-factor	●●●●●●	benefit	●●●●●
style	●●●	frequency	●●

Die Designerin

Accessorize!

Ihr Fahrrad ist ein original italienisches Rennrad, natürlich pre-owned und vintage. Es ist schnittig und elegant und passt gut zum urbanen Lebenstil einer Mittzwanzigerin. Form follows function, sagt die Designerin, doch mehr noch als ein formschönes Fortbewegungsmittel dient das Rad als erlesenes Beiwerk zur Komplementierung eines persönlichen Stils. So passt das Fahrrad nicht nur zur Garderobe, sondern auch zur Mid-Century-Deckenlampe, zum Memphis-Sofa und zur Plattensammlung. Instagrammable? Aber sicher!

The designer

Accessorize!

Her bike is an original Italian road bike, pre-owned and vintage. Of course. It's sleek and elegant and fits in well with the urban lifestyle of a woman in her mid-twenties. Form follows function, says the designer, but even more than a beautifully shaped means of transport, the bike serves as an exquisite accessory to complement a personal style. Thus, the bike not only goes with the wardrobe, but also with the mid-century ceiling lamp, the Memphis sofa and the record collection. Instagrammable? For sure!

Technologie	●●●	**Zeitgeist**	●●●●●●
Preis	●●●●●	**Geschwindigkeit**	●●●●●
Öko-Faktor	●●●●	**Nutzen**	●●●
Stil	●●●●●●	**Häufigkeit**	●●●●

Der Traveller

Erklär mir die Welt, Mann!

Den Traveller erkennt man an seiner wilden Mischung aus Souvenirs, die er am Leibe trägt. Das Batik-T-Shirt aus Thailand, das schlecht gestochene Tattoo aus Sri Lanka und die blonden Dreadlocks aus Jamaika. Während seiner Gap Years zwischen Abi und Uni unterrichtete er Englisch für Indigene an einer Schule in Guatemala. Er eignet sich die Welt an, wie sie ihm gefällt. Er fährt ein Fahrrad mit einem Rahmen aus Bambus, und seine Schuhe sind 100% vegan. Er ist im AStA aktiv, wo er sich für nachhaltige, wiederverwendbare Kaffeebecher einsetzt. Er stellt alles und jeden in Frage, außer seinem natürlichen Recht auf zwei Langdistanzflüge im Jahr.

The traveller

Explain the world to me, man!

You may recognise the traveller by the wild mixture of souvenirs he wears on his body. The tie-dye shirt from Thailand, the badly inked tattoo from Sri Lanka and the blond dreadlocks from Jamaica. During his one or many gap years between high school and university, he taught English for indigenous people at a school in Guatemala. He appropriates the world as he pleases and rides a bicycle with a frame made of bamboo. He is active in the General Students' Commitee where he campaigns for a deposit system for coffee cups. He questions everything and everyone except his natural right to two long-distance flights a year.

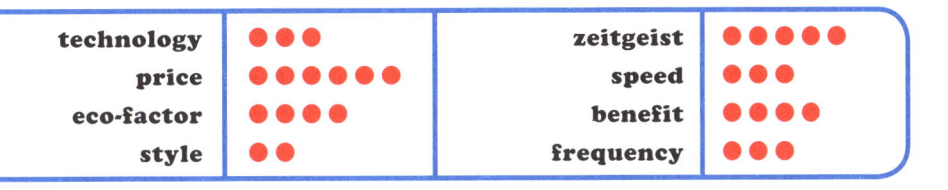

technology	●●●	**zeitgeist**	●●●●●
price	●●●●●	**speed**	●●●●
eco-factor	●●●●	**benefit**	●●●●
style	●●	**frequency**	●●●

Die Nostalgikerin

Am Anfang war das (Hoch-)rad.

Ihre Leidenschaft fürs Fahrradfahren gilt nicht dem modernen Zweirad. Sie hat sich für immer und ewig in das Hochrad verliebt. Zeitgemäß angezogen trifft sie sich mit Gleichgesinnten zu kleinen Ausfahrten, man fachsimpelt über Vollgummi-Bereifung und Speichenradien und lästert über die moderne Zeit. Das Hochrad wird allerdings zur Todesschleuder, sobald das große Rad blockiert und die Fahrerin über die Vorderachse als Drehpunkt nach vorne katapultiert. Das Fahrrad mit zwei gleich großen Rädern wurde daraufhin als Sicherheitsfahrrad vermarktet und das Hochrad verschwand in einer Sackgasse der Evolution.

The nostalgic

In the beginning was the (high) wheel.

Her passion for cycling is not about the modern two-wheeler. She has fallen in love with the penny-farthing forever and ever. Dressed in historical clothing, she meets up with like-minded people for short rides, they talk shop about solid rubber tyres and spoke radii and gossip about modern times. The penny-farthing, however, becomes a death catapult as soon as the big wheel locks and propels the rider forward using the front axle as a fulcrum. The bicycle as we know it today with two equally large wheels was then marketed as a safety bicycle and the penny-farthing vanished in a dead end of evolution.

Technologie	●	Zeitgeist	●
Preis	●●●●●	Geschwindigkeit	●●
Öko-Faktor	●	Nutzen	●
Stil	●●●●●	Häufigkeit	●

Die Flowerfrau

ein Gesamtkunstwerk

Die Flowerfrau schmückt ihr Fahrrad mit kleinen Girlanden aus Plastikblümchen, bemalt es im Tigerenten-Look oder behängt es mit allerlei Gebämsel und Gebimsel. Sie verkörpert eine Mischung aus erwachsener Pipi Langstrumpf und Germanistikstudentin mit Kunst im Nebenfach auf Lehramt. Sie lebt den Alltag bunt, unkonventionell und voll ungebremstem Gestaltungswillen. In der Großstadt geht sie fast in der Masse individueller Gestalten unter, in der Kleinstadt kennt sie jeder. Man mag ihren Hang zum Kitsch und ihr ästhetisches Empfinden nicht teilen, aber das Leben ist halt ein Farbfilm.

The blooming boomer

a piece of art

The blooming boomer decorates her bicycle with little garlands of plastic flowers, paints it in a zebra look or drapes it with all kinds of bugs and gizmos. She embodies a mixture of adult Pipi Longstocking and cultural studies student with a minor in art. She lives her everyday life colourfully, unconventionally and with an unbridled creative drive. In the big city she is almost overlooked among the mass of individual characters, in the small town everyone knows her. You may not share her bias for kitsch and her aesthetic choices, but why bother? Life is a bouquet of colours.

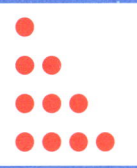

technology	●	**zeitgeist**	●●●●
price	●●	**speed**	●●●
eco-factor	●●●	**benefit**	●●●
style	●●●●	**frequency**	●●●●

Der gute Nachbar

Liebe deinen Nächsten!

Jeder träumt von ihm, doch nur wenige haben ihn: den guten Nachbarn. Man sieht ihn oft auf seinem Fahrrad ausgelesene Bücher ins Sozialkaufhaus fahren. Er pflegt eine unterhaltsame Korrespondenz und jedes kleine Geschenk wird mit einem kleinen Gegengeschenk beantwortet. In besonderen Momenten hört er laut Oper, was uns aber als gute Nachbarn nie stört. Frau Hoffmann und Mathilde gehen in seiner Wohnung ein und aus, wobei die eine unsere Katze und die andere seine liebe Frau (und auch eine wundervolle Nachbarin) ist. Wenn man solche Menschen um sich hat, ist man für so manche Widrigkeit gerüstet.

The good neighbour

Love thy neighbour!

Everyone wants one, but only a few have got one: the good neighbour. You can often see him riding his bicycle to Oxfams with books he has finished reading. He maintains an entertaining correspondence and every small gift is answered with a tiny something in return. At special moments he listens loudly to the opera, but as good neighbours this never bothers us. Mrs Hoffmann and Mathilde go in and out of his flat, one being our cat and the other his lovely wife (and also a wonderful neighbour). When you have people like that around you, you are equipped for many an adversity.

Technologie	●●●	Zeitgeist	●●
Preis	●●	Geschwindigkeit	●●●●●
Öko-Faktor	●●●●●	Nutzen	●●●●●●
Stil	●●●●●●	Häufigkeit	●●

Die Dreirädrige

unterwegs im abgesicherten Modus

Reicht der Gleichgewichtssinn oder aber die Geschwindigkeit nicht mehr aus, um stabil geradeaus zu fahren, erhöht man einfach die Anzahl der Räder: Aus zwei mach drei! So kehrt man im Alter zu den Anfängen der eigenen Mobilität zurück und genießt das Dreiradfahren noch einmal neu. Bahn frei! Denn der Fahrradweg gehört nicht nur den Jungen und Agilen, sondern auch all denjenigen, die mit eingeschränkter Mobilität unterwegs sein wollen.

The three-wheeled

on the move in safe mode

If the sense of balance or speed is no longer sufficient to a ride in a straight line, why not increase the number of wheels: two become three! This is how you fall back to the beginnings of your own mobility and enjoy riding a tricycle all over again. Clear the way! Because the cycle path belongs not only to the young and agile, but also to all those who want to be under way with limited mobility.

technology	●●●	zeitgeist	●
price	●●●●	speed	●●
eco-factor	●●●●●●	benefit	●●●●●
style	●●	frequency	●●

Die Rollatoren

Aus drei mach vier!

Wenn am Ende des Lebens an Fahrradfahren nicht mehr zu denken ist, hilft einem ein Gefährt, das in Teilen eine gewisse Ähnlichkeit zum Velociped aufweist. Die Handgriffe und Bremsen führen über einen Fahrradkorb zu vier schlauchlosen Gummireifen. Kostbare Erinnerungen an eine verlorene Zeit. An romantische Ausflüge, einen Sommer am See, Luft in den Reifen und Wind in den Haaren.
Doch halt, Realitätscheck: Fahrtwind kommt bei Schrittgeschwindigkeit leider nicht mehr auf. Aber halb so schlimm: Haare sind eh nicht mehr vorhanden, in denen sich ein Lüftchen verfangen, geschweige denn, sie kühn zerzausen könnte.

The rollators

Make four out of three!

If, at the end of life, riding a bicycle is no longer feasible for you, a vehicle that in parts bears a certain resemblance to the velocipede might help. The handles and brakes lead via a bicycle basket to four tubeless rubber tyres. This brings back precious memories of lost times. Of romantic trips, a summer by the lake, air in the tyres and wind in the hair. But wait, reality check: unfortunately, there is no wind at walking speed. So what: there is no hair left anyway to get caught in the breeze, let alone to tousle it boldly.

Technologie	●	Zeitgeist	●●
Preis	●●	Geschwindigkeit	●
Öko-Faktor	●●●●●	Nutzen	●●●●●
Stil	●	Häufigkeit	●●●●●

Auf dem Lande

In the countryside

Radfahren

Von Theodor Herzl

Wenn man uns das vor zehn Jahren gesagt hätte - nein, noch vor fünf oder drei oder zwei Jahren! Ernsthafte Leute würden sich das so als respektwidrige Zumutung mit einer gewissen Trockenheit verbeten haben.
Es war die allzu muntere Leibesübung junger Burschen oder lächerlicher Sportsnarren. Und heute sieht man ehrenfeste unjunge Leute auf dem Zweirade durch die Gassen jagen, und sie machen dazu ganz ernsthafte Mienen. Viele schämen sich freilich noch, wenn sie auf dem Rade ertappt werden, weil sie sich einer Welt von Vorurteilen gegenüber befinden. Es gibt vielleicht sogar wackere Männer, die sich fragen, ob sie noch würden für den Gemeinderat kandidieren können, wenn man sie einmal auf dem Bicycle erblickt hätte. Es ist zwar bekannt, dass der Kaiser von Russland und noch ein anderer Präsident der Französischen Republik Herr Casimir Périer öffentlich das Zweirad bestiegen und dass es jetzt schon in jedem Lande berühmte und angesehene Personen gibt, welche sich dieses neuen Fuhrwerks bedienen. Aber die ungeheure Mehrheit der vernünftigen Leute fürchtet dennoch, sich durch das Radfahren zu kompromittieren. Ich glaube man weiß nicht, was es ist, niemand weiß es, der nicht selbst schon frei auf dem Rade gefahren ist, und wer, durch Zufall oder Überredung dazu gebracht, es nachher lobt, der sieht verdächtig aus, als suchte er Entschuldigungsgründe oder Genossen für seine Torheit.

Cycling

By Theodor Herzl

If we had been told this ten years ago - no, even five or three or two years ago! Serious people would have banned this as a disrespectful imposition with a certain dryness.
It was the all too lively physical exercise of young boys or ridiculous sportsmen. And today one sees honorable not so young people on the two-wheeler chasing through the streets, and they make quite serious expressions. Many are still ashamed when they are caught on the bike because they are confronted with a world of prejudices. There may even be brave men who wonder if they would still be able to run for the municipal council if they had been caught on the bicycle just once. It is known that the Emperor of Russia and the President of the French Republic, Mr. Casimir-Perier, have publicly ridden the two-wheeler, and that in every country there are already famous and respected people who use this new means of transport. The vast majority of reasonable people, however, still fear to compromise themselves by riding a bicycle. I don't think anyone understands what it is, no one ever could, who hasn't ridden a bicycle freely himself, and although anyone who, brought to it by chance or persuasion, praises it afterwards, looks suspicious as if he were looking for excuses or accomplices for his folly.
It happened to me these days that, getting off the wheel, I met a gracious scholar of our university. He looked at me quite astonished. I took the liberty of saying to him: "In one year, Honorable Councillor, you will do this, too." He strongly refused. He thought it was unhealthy, and that it would affect his upright posture. We shouldn't turn into quadrupeds again, there were much healthier movements. "Which ones?" I asked. "Walking, for example," Professor Rothnagel replied. But he challenged me, with unmistakeable irony, to write an article on the psychological

Es ist mir dieser Tage passiert, dass ich, vom Rade steigend, mit einem liebenswürdigen Gelehrten unserer Universität zusammentraf. Er sah mich sehr verwundert an. Ich erlaubte mir, ihm zu sagen: „In einem Jahre fahren Sie auch Herr Hofrat." Das lehnte er entschieden ab. Er halte es für ungesund, die aufrechte Haltung leide darunter. „Wir wollten doch nicht wieder Vierfüßer werden, es gebe viel gesündere Bewegungen." „Welche?" fragte ich. „Zum Beispiel das Gehen", antwortete Professor Rothnagel. Aber er forderte mich mit nicht undeutlicher Ironie auf, einen Artikel über die psychologischen Wirkungen des Radfahrens zu schreiben. „Ungesund"? Na ja. Wie vieles, das wir treiben, ist nicht ungesund? Ich glaube, selbst das Gehen zum Beispiel kann schädlich wirken, wenn es ohne Maß und Rücksicht auf den körperlichen Zustand ausgeübt wird. Freilich werde ich es in meiner tiefen Unwissenheit nicht wagen, darüber mit Gelehrten zu streiten.

Nur einige falsche Vorstellungen der Fußgänger, die von den Radfahrern durch eine Kluft getrennt sind, möchte ich berichtigen. Es ist durchaus nicht sinnlos, wenn die Radfahrer sich durch eigene Tracht, einen besonderen Gruß und andere kleine Züge von der Menge zu unterscheiden versuchen. Sie vertreten tatsächlich, ob sie es wissen oder nicht, schon eine andere Zeit. Denn wir assistieren da ganz einfach einem großartigen Umwandlungsprozess, einem geschichtlichen, mit Verlaub. Das klingt heute wohl noch überschwänglich aber man darf es schon sagen, ohne für mehr als ein bisschen exzentrisch gehalten zu werden: Vor ein paar Jahren hätte es als ein verrückter Ausspruch gegolten, und wieder in ein paar Jahren wird es jeder selbstverständlich finden. Es wird eine eroberte Wahrheit sein.

Ich erinnere mich an den törichten Satz, den ich vor einigen Jahren niederschrieb und worin ich mit der Überlegenheit eines Mitgliedes der kompakten Majorität von der „Straf-Knechtschaft des Radfahrens" sprach. Richtig ist, dass das Radfahren keine Straf-Knechtschaft, sondern ein Vergnügen und kein Geckensport, sondern eine nützliche Verkehrsart ist, die immer unentbehrlicher werden muss, je mehr sie die übrigen Ver-

effects of cycling. „Unhealthy"? Well. How many of the things we do are not unhealthy? I think even walking, for example, can have a harmful effect if practiced without moderation or regard for physical condition. Of course, in my profound ignorance, I wouldn't dare to argue about this with scholars.

I would like to correct only some misconceptions of pedestrians who are separated from cyclists by a gulf. It is not at all pointless when the cyclists try to distinguish themselves from the crowd by their own costume, a special salutation and other minor attributes. They actually represent, whether they know it or not, already another time. Because we are simply assisting a great process of transformation, a historical one, if you will pardon the expression. This may sound exuberant today, but it has already become feasible to say it without being considered more than just a little eccentric: A few years ago it would have been considered a crazy idea, and again in a few years everyone will find it self-evident. It will be a conquered truth.

I do remember the foolish sentence I wrote down some years ago in which I spoke with the superiority of a member of the solid majority of the "punitive servitude of cycling". It is true that cycling is not a penal servitude, but a pleasure and not a dandy sport, but a useful mode of transport which must become more and more indispensable the more it permeates the other modes of transport. In this mutual adaptation which we can perceive between the new exercise and the old conditions and which we will see more clearly from day to day, consists the process of transformation - probably the strangest that our generation will have the privilege of witnessing.

We, the people of today, are already born in a world, which is permeated by railroads. With our mayfly mind we accept the miracles of traffic, as

kehrsverhältnisse durchdrängt. In diesem wechselseitigen Anpassen, das wir zwischen der neuen Übung und den alten Zuständen wahrnehmen können und von Tag zu Tag deutlicher sehen werden, besteht der Umwandlungsprozess - wahrscheinlich der merkwürdigste, den zu sehen unserer Generation vergönnt sein wird.
Wir heutigen Menschen sind schon in der Welt geboren, die von Eisenbahnern durchzogen ist, mit unserem Eintagsfliegen-Verstand nehmen wir die Verkehrswunder hin, als ob sie auch gestern da gewesen wären und nicht den mächtigsten geschichtlichen Vorgang bedeuteten. Aber wenn ich im Orientzug nach Frankreich fahrend Bernes Schilderung seiner umständlichen Wagenreise von Frankfurt nach Paris lese, ergreift mich der Wandel der Bedingungen, unter denen wir leben mit der sonderbarsten Gewalt. Dieser kühne und unbeschränkte Geist räsoniert noch aus einer Enge heraus, die uns geradezu unverständlich erscheint. Und wenn er die Galerie d'Orléans im Palais Royal als ein Wunder der Baukunst und etliche Gasflammen da selbst als ein ungeahntes Meer von Licht preist, so kommt er uns Globetrottern und Weltstädtern dann als ein recht dürftiger einfältiger Provinzler vor. Er, einer der fortgeschrittensten Geister seiner Zeit, die uns noch so nahe ist. Dämmert es uns nicht auf, das es da eine Grenze der Epochen gab, so weltbedeutend wie die des Buchdrucks? Eine Geschichtsgrenze, von der ab die Wässer anders fließen, eine andere Vegetation erwacht und die Menschen eine andere Sprache reden. Die Welt hat ein neues Aussehen bekommen, wovon wir uns keine Rechenschaft mehr geben, weil wir das vorherige und den Übergang nicht geschaut haben.
Wie aber war die Stimmung und Auffassung der Mitlebenden an dieser Geschichtsgrenze? Wie viele Lustspiele und Tragödien hat dieser Fortschritt im Schicksale der Menschen aufgeführt? Das Wirtshaus an der

if they had always been there and are not the outcome of one the most powerful historical processes. But when on the Orient train to France I read Berne's account of his laborious journey by coach from Frankfurt to Paris, the change in the conditions under which we live seizes me with the strangest vigour. This bold and unrestrained spirit is still reasoning from a narrowness that seems almost incomprehensible to us. And when he praises the Galerie d'Orléans in the Palais Royal as a miracle of architecture and several gas flames there as an unforeknown sea of light, he seems to us globetrotters and cosmopolitans as a rather poor, simple provincial. He, one of the most advanced spirits of his time which is still so close to us. Doesn't it dawn on us that there was a boundary of the epochs, as important for the world as that of printing? A historical border, from which the waters flow differently, another vegetation awakens and the people speak another language. The world has acquired a new appearance of which we no longer give an account because we have not seen the previous one and the transition.

But what were the moods and perceptions of those living on this historical frontier? How many comedies and tragedies did this progress enact in people's destinies? The inn on the country road that perished overnight. The lost village that suddenly swelled into a traffic junction. Thousands of commodities, which became superfluous, but which were produced helplessly, unconsciously, because one did not immediately understand what was going on in the world. Sudden poverty, unexpected riches, a fairy-tale change in the conditions of life - and how all of this sadly or amusingly erupted in individual existences. From this historical frontier there are still many dramas to be fetched.

And, something similar, smaller, much smaller, but still significant enough, is now happening around the two-wheeler that looked like a toy a few years ago and is now causing such huge changes. (...)

The abandoned country road suddenly attains honours again. The time that had to be spent in waiting rooms is now ascribed to travel time, and thus cycling acquires an unmistakable superiority over rail travel. It is freer,

Landstraße, das über Nacht zugrunde ging. Das verlorene Dorf das plötzlich zu einem Knotenpunkt des Verkehrs anschwoll. Tausend Gebrauchsgegenstände, die überflüssig wurden, die man aber hilflos, bewusstlos fort erzeugte, weil man nicht gleich verstand, was in der Welt vorging. Jähe Armut, unverhoffte Reichtümer, ein märchenhafter Wechsel in den Bedingungen des Lebens – und wie das alles traurig oder spaßhaft in einzelnen Existenzen auszitterte. Von dieser Geschichtsgrenze her sind noch viele Dramen zu holen.

Und, etwas ähnliches, kleiner, viel kleiner, aber immerhin noch bedeutend genug, spielt sich jetzt um das Zweirad herum ab, das vor einigen Jahren noch wie ein Spielzeug aussah und jetzt so gewaltige Veränderungen hervorruft. (...)

Die verlassene Landstraße kommt plötzlich wieder zu Ehren. Die Zeit, die in den Wartesälen verbracht werden musste, wird zur Fahrzeit geschlagen und dadurch erhält das Radfahren eine unverkennbare Überlegenheit gegen die Bahnreise. Es ist freier, bequemer, billiger. Und nur bei schlechtem Wetter ist die Eisenbahn vorzuziehen. Auf den großen Völkerstraßen sieht man jetzt noch da und dort die Ruinen der voreisenbahnlichen Zeit. Gasthöfe, Schänken, die jäh verfielen, als Ihre Majestät die Lokomotive heranbrauste. Nun schwebt die leichte Bicyclette einher und führt ein neues Leben mit sich. Den vergessenen Wirten, die hilflos, stumpf, unbeweglich dahockten und in einer grauenvollen Beschränktheit zusahen, wie sie immer ärmer wurden, erscheint das Zweirad wie ein Segen Gottes. Zwar ist dem Hufschmied aus der guten alten Vorspannzeit nicht mehr zu helfen, aber der Schlosser hat manchmal zu tun, und am Ende kommt es dem ganzen Dorfe zustatten, wenn es wieder in der Welt liegt.

Es fällt mir eine kuriose Geschichte ein, die sich in der guten alten Zeit in den Rheinlanden abspielte, da wendete sich eine Ortschaft an die Regierung mit der Bitte um einen Berg - ja, um einem Berg. Die Landstraße war dort nämlich zu glatt und gut, so dass die Kutscher ohne Aufenthalt ihren Durst am Ort vorbeiführten. Darum baten die klugen Männer des Fleckens,

more comfortable, cheaper. And only in bad weather the railroad is preferable. On the great roads you can still see here and there the ruins of the pre-railroad era. Inns, taverns fell into despair when Her Majesty, the locomotive, came rushing on. Now the light bicyclette floats along, carrying with it a new life. To the forgotten innkeepers who squatted helplessly, dully, immobile, watching in ghasly stupidity how they grew poorer and poorer, the two-wheeler seems like a blessing from God. It is true that the blacksmith from the good old pre-railroad times days can no longer be helped, but the locksmith sometimes has work to do, and in the end it benefits the whole village when it is back in the world.

An odd story comes to mind, which took place in the good old days in the Rhineland, where a village turned to the government with the request for a mountain - yes, for a mountain. In fact, the country road there was too smooth and good, so that the coachmen passed the place without stopping for their thirst. Therefore, the wise men of the village asked to use the existing elevation, at the foot of which the good road was located, and to make it steep. And so it was done, by the way of grace. Amidst hoots and hollers of sweating coachmen, broken wheels and all kinds of horse accidents uphill and downhill, the clever village prospered again. The bicycle replaces this artificial mountain. And if many must lament over it, many can also exult that the new industry, which produces a coveted article in such masses, employs countless hands. That a hundred fruitful suggestions emanate directly and indirectly from it, is blindingly obvious. The economically threatened existences must strive to save themselves onto this newly developed island. Already there is a cycling world with manifold needs, which can offer an industrious and clever substitute. In a time of so rapid high gear only the sleepy ones shall decay.

dass man die vorhandene Bodenerhöhung benütze, an deren Fuß die gute Straße hinging, und dass man diese steil mache. So geschah es auch, im Gnadenwege. Unter Hüh und Hott schwitzender Kutscher, Radbrüchen und allerlei Pferdeunfällen bergauf und bergab gedieh dann wieder das schlaue Dorf. Das Bicycle ersetzt diesen künstlichen Berg. Und wenn viele darüber jammern müssen, so können auch viele jauchzen, dass die neue Industrie, die einen begehrten Artikel in solchen Massen erzeugt, unzählige Hände beschäftigt. Dass hundert fruchtbare Anregungen unmittelbar und mittelbar davon ausgehen, das sieht man ein. Die wirtschaftlich bedrohten Existenzen müssen trachten sich auf das neu erschlossene Gebiet hinüberzuretten. Schon gibt es eine Radfahr-Welt mit vielfältigen Bedürfnissen, die den fleißigen und klugen Ersatz bieten können. In einer Zeit von so raschem hohen Gang verkommen nur die Schläfrigen.

Ist das Radfahren aber nicht doch nur eine weitere Annehmlichkeit für die Upper Tens? Zunächst möchte sie erscheinen als wäre das Zweirad nur zur Erleichterung des Loses derjenigen da, die sich ohnehin schon nicht vwird eben billiger werden. Ist erst die Bedeutung des zweirädrigen Wa-

gens gut erkannt, so muss die jetzt schon erhebliche Produktion noch ungeheuer wachsen. Die Konkurrenz wird den breiten Schichten allmählich zu billigen Fahrmaschinen verhelfen. In Folge der Verbesserungen werden jährlich unzählige Räder zurückgestellt, die für weniger anspruchsvolle Leute noch ganz brauchbar sind. Dank der gegenwärtigen Wirtschaftsunordnung ist endlich eine Überproduktion teurer Fahrräder vorauszusehen, und die Krise wird den Preissturz ergeben, der das Bicycle in die Massen bringt. Wir können uns die ferneren Folgen nach den bisherigen Wahrnehmungen nur als günstige denken. Die Wege, auf welchen

But isn't cycling just another amenity for the Upper Tens after all? At first, it would like to appear that the two-wheeler is only there to ease the lot of those who already have nothing to complain about. The new carriage is still too expensive. It must and will become cheaper. Once the importance of the two-wheeled vehicle is well approved, the already considerable production will have to grow tremendously. The competition will gradually help the broad strata of society to obtain cheap driving machines. As a result of the improvements, innumerable bicycles will be put aside every year, which are still quite usable for less demanding people. Thanks to the present economic disorder, an overproduction of expensive bicycles is finally foreseen, and the crisis will result in the price crash that will bring the bicycle to the masses. From where we stand, we can only think of the coming consequences as favourable ones. The ways in which people ascend to higher degrees of welfare are sometimes wondrous.

Thus, the example of a humane use of the bicycle will certainly give some food for thought. In Harburg there is a factory owner who seems to be a rather soft-hearted exploiter. He purchased bicycles for his workers living outside the city, which makes it possible for them to settle in rather distant villages. There they live with their families in cheaper and healthier conditions and do not waste too much time wandering to the factory. Yes, instead of such an exhausting sullen wandering they are given an exhilarating movement. Has not this good factory tyrant quietly done much more than a thousand socialist speeches could do? The worrying problem of workers' housing is brought closer to a solution in one fell swoop. The tangle of people that the steam engine gathers around it can be happily loosened, and the proletarians' children need not waste away in the dull confinement in which their fathers acquire bread. This is only one of many suggestions, but it can become fruitful. In any case, it introduces a step on the way we should take to convert the technical achievements into welfare. Factory owners can easily purchase a large number of bicycles and rent them to their workers, who will be grateful. When we

die Menschen zu höheren Graden der Wohlfahrt aufsteigen, sind zuweilen wunderbar.

So wird das Beispiel einer humanen Verwendung des Fahrrades gewiss manchen nachdenklich stimmen. In Harburg ist ein Fabrikant, der ein recht weichherziger Ausbeuter zu sein scheint. Er schaffte für seine ausserhalb der Stadt wohnenden Arbeiter Fahrräder an, wodurch es ihnen möglich wird, sich in ziemlich fernen Dörfern anzusiedeln. Dort leben sie mit ihren Familien unter billigeren und gesünderen Bedingungen und verlieren nicht zu viel Zeit mit der Wanderung nach der Fabrik. Ja, statt einer solchen erschöpfenden missmutigen Wanderung ist ihnen eine aufheiternde Bewegung geschenkt. Hat dieser gute Fabrikstyrann nicht in aller Stille viel mehr getan als es tausend Sozialistenreden vermöchten? Das sorgenvolle Problem der Arbeiterwohnung ist da mit einem Ruck der Lösung näher gebracht. Der Menschenknäuel, den die Dampfmaschine um sich versammelt, kann glücklich gelockert werden, und die Proletarierkinder müssen nicht in der dumpfen Enge verkümmern, in der die Väter das Brot erwerben. Das ist nur eine vereinzelte Anregung, aber sie kann fruchtbar werden. Sie stellt jedenfalls einen Schritt auf dem Wege vor, den wir nehmen sollen, um die technischen Errungenschaften in Wohlfahrt umzusetzen. Fabrikanten können leicht eine größere Anzahl von Fahrrädern anschaffen und ihren Arbeitern vermieten, die dafür dankbar sein werden. Wenn wir das Zweirad so betrachten, dämmert in uns die Ahnung auf, dass es das Heilmittel sei gegen die gefährliche Hypertrophie der großen Städte. Und dieses nützliche, demnächst unentbehrliche Verkehrsinstrument war lange Zeit missachtet. Die sich seiner bedienten wurden verhöhnt.

Ich will die ersten Radfahrer nicht überschätzen. Es waren wohl zumeist Sportsnarren, die das trieben wie sie irgendeine andere Vexerei getrieben hätten. Aber die Spötter haben Unrecht behalten. Noch vor zehn oder fünfzehn Jahren machte man sich weidlich lustig über die Rad-Brüder. Es gab scherzhafte Zukunftsbilder, auf denen Bäcker, Briefträger, Soldaten komisch einherfuhren. Siehe, diese Zukunft ist schon da. Unlängst

look at the two-wheeler in this way, an inkling dawns in us that it is the cure for the dangerous hypertrophy of the big cities. And this useful, soon to be indispensable, instrument of transportation was disregarded for a long time. Those who used it were ridiculed.

I do not want to overestimate the first cyclists. They were probably mostly sports fools who did it like they would have done any other conundrum. But the mockers were wrong. Even ten or fifteen years ago, people were making fun of the bicycle-brothers. There were joking pictures of the future, in which bakers, letter carriers, soldiers rode along comically. Behold, this future is already here. Recently I saw a butcher with a straw bag on his bike chasing along the Ringstraße. In Görlitz, in front of the headquarters of the Prussian General Staff, a detachment of military bicyclists stopped for intelligence during the last manoeuvres. In war and peace, the bicycle is already being reckoned with. One should store all caricatures carefully, the mockers become finally the laughed at.

Does one know how old the two-wheeler already is? For how long it had to wait for success? It is about as old as the century. Carriages without horses existed even earlier. In 1649, Hans Hautsch in Nuremberg made an artificial carriage, "which therefore goes freely and does not require any harnessing of horses or otherwise," as a chronicle reports. "And such a carriage goes two thousand steps in an hour – you can stop when you want; you can continue when you want and yet everything is made by clockwork". This Nuremberg carriage had four wheels. A century and a half passed until three, and finally two wheels were used. It was a development with many strange inventions. Wilhelm Wolf's book "Bicycle and Cyclist" contains some interesting pictures from the history of this development. The idea of moving a cart by the power of the rider himself was

sah ich einen Fleischhauer mit einer umgehängten Strohtasche auf dem Rad über die Ringstraße jagen. In Görlitz, vor dem Hauptquartiere des preußischen Generalstabes hielt während der letzten Manöver eine Abteilung militärischer Bicyclisten für den Nachrichtendienst. In Krieg und Frieden wird schon mit dem Fahrrade gerechnet. Man sollte wahrhaftig alle Karikaturen sorgsam aufbewahren, die Spötter werden schließlich die Verlachten.

Weiß man wie alt das Zweirad schon ist? Wie lange es also auf den Erfolg warten musste? Es ist ungefähr so alt wie das Jahrhundert. Wagen ohne Pferde gab es schon früher. 1649 fertigte Hans Hautsch in Nürnberg einen Kunstwagen an, „welcher also frei geht und bedarf keiner Vorspannung von Pferden oder anders", wie eine Chronik meldet. „Und geht solcher Wagen in einer Stunde zweitausend Schritt - man kann stillhalten, wann man will; man kann fortfahren, wann man will und ist doch alles vom Uhrwerk gemacht". Dieser Nürnberger Wagen hatte vier Räder. Anderthalb Jahrhunderte vergingen bis man auf drei, und endlich auf zwei Räder kam. Es gab eine Entwicklung mit vielerlei wunderlichen Erfindungen. Wilhelm Wolfs Buch „Fahrrad und Radfahrer" enthält einige interessante Bilder aus der Geschichte dieser Entwicklung. Der Gedanke, einen Wagen durch die Kraft des Fahrenden selbst fortzubewegen, ging nicht mehr verloren. Die mit Händen und Füßen getriebenen Dreiräder behielten aber eine Schwerfälligkeit, die noch jetzt nicht überwunden ist.

Als Erfinder des Zweirades gilt der badische Forstmeister Freiherr von Drais, der im Jahre 1816 mit seiner Laufmaschine nach Paris kam und sich im Tivoli-Garten zeigte. Aber schon 1800 lief man in Paris auf zwei Rädern, es war tatsächlich eher Laufen als Fahren zu nennen. Der Rad-Reiter

no longer lost. However, the tricycles driven by hands and feet retained a clumsiness that has not yet been overcome.

The inventor of the two-wheeler is considered to be the forester Freiherr von Drais from Baden, who came to Paris in 1816 with his running machine and showed himself in the Tivoli Gardens. But as early as 1800, people in Paris were running on two wheels; in fact, it was more like running than riding. The wheel-rider sat on the wooden back which connected the two wheels standing one behind the other, his feet touched the ground, and he pushed off alternately right and left. It was a rather worthless gimmick, but it became widespread. In England it was called the pedestrian's hobbyhorse, and it seems to have been popular with sports enthusiasts. Since the appearance of Herr von Drais in Paris, many people have come to realise that once the bicycle is rolling, it is no longer necessary to put the feet on the ground to keep one's balance.

Nevertheless, forty-six years passed until Michaux attached two pedal cranks to the front wheel of the trolley in Paris in 1862. This was the decisive improvement, more important than the invention itself. The two-wheeler then went through several phases that have only historical interest. The present form of the bicyclette seems to us already very perfect: it is graceful, firm and safe.

There are dangers on the bike, of course, but what fast movement does not have such or similar perils? By the way, the bicycle is constantly being improved. Many bright minds are thinking about how to make it even lighter, even more durable, even safer. The hobbyhorse of Herr von Drais has become an exquisite machine, in the iron weave of which there are treasures of human ingenuity. It is already clear how the bicycle will have a tremendous effect on the conditions of people, how it must change the appearance of cities and many conditions of our lives. In many respects it will restore the rights of the individual. From the collectivistic means of transport with their mass pressure we will again reach individualistic ones, a new freedom is coming within reach. If you want to experience this for yourself – get on a bike!

saß auf dem Holzrücken, welche die beiden hintereinander stehenden Räder verband, seine Füße berührten den Boden, und er stieß sich abwechselnd rechts und links fort. Es war eine ziemlich wertlose Spielerei, fand jedoch Verbreitung. In England hieß man es das Fußgänger-Steckenpferd, und es scheint bei Sportfreunden beliebt gewesen zu sein. Wie viele Leute machten nun seit dem Auftreten des Herrn von Drais in Paris die Wahrnehmung, dass man die Füße nicht mehr auf den Boden zu setzen brauche, um sich im Gleichgewichte zu halten, wenn das Rad einmal im Rollen sei.

Dennoch vergingen 46 Jahre bis Michaux in Paris 1862 am Vorrade der Draisine zwei Tretkurbeln anbrachte. Das war die entscheidende Verbesserung, wichtiger als es die Erfindung selbst gewesen. Das Zweirad macht dann einige Phasen durch, die nur noch geschichtliches Interesse haben. Die heutige Form der Bicyclette scheint uns schon sehr vollkommen: sie ist zierlich, fest und sicher.

Es gibt auf dem Rad Gefahren, natürlich, doch bei welcher schnellen Bewegung gibt es solche oder ähnliche nicht? Übrigens wird das Fahrrad fort und fort verbessert. Viele Köpfe denken darüber nach, wie man es noch leichter, noch dauerhafter, noch sicherer machen könne. Das Steckenpferd des Herrn von Drais ist eine gar köstliche Maschine geworden, in deren eisernen Spinngewebe Schätze von menschlichem Scharfsinn stecken. Schon ist klar wie das Fahrrad gewaltig auf die Zustände der Menschen einwirken, wie es das Aussehen der Städte und viele Bedingungen unseres Lebens verändern muss. Es wird in mancher Beziehung dem Einzelnen wieder zu seinem Recht verhelfen. Von den kollektivistischen Verkehrsmitteln mit ihrem Massendruck gelangen wir wieder zu individualistischen, wieder in eine neue Freiheit hinaus. Wer das ahnungsvoll an sich erleben will, der steige aufs Rad. Wie sagt der Nürnberger Chronist: „Man kann stillhalten, wann man will – man kann fortfahren, wann man will".

Auch wer es nicht für seine Geschäfte benötigt, auch wer nicht zum Sport aufsitzt, wird es mit Vorteilen gebrauchen. Man sieht viele Dinge ganz

As the Nuremberg chronicler says: 'You can stand still when you want, you can proceed when you want." Even those who do not need it for their business, even those who do not sit up for sport, will use it with advantages. One sees many things pass by in a completely new way, faster than the ordinary hunter does, as fast as one deserves. The pedestrians drag along with an incomprehensible slowness and gloom. One step on the crank and they are overtaken, they are already distant, already small. The ride consists of heightened moments, there is a poetry in this haste. In the evening, as if in a flash, it goes through dark, poor alleys, one looks hurriedly and affectedly into circumstances about which one would otherwise not have cared. Here through a window into a craftsmen's home, there into a pitiable tavern, where it is merry. Now and then one enters a romantic area: piano strumming and singing, tender shadows in the illuminated frame of a window. Quietly charmed by this old comedy, we pass on more slowly and from one quarter to another. And understand the essence of Ottakring, Gumpendorf, Margarethen - what is actually happening there. Our daily experience is enriched and deepened. If the evening trip is thoughtful, the one in the morning is full of a light joy. Suddenly you are on the Hohe Warte, suddenly a chorale is heard from the asylum for the blind, and your heart is filled with devotion. Or one rides to the Prater, far out into an autumn-sunny freedom that we would otherwise have never dreamt of. Persian carpets of withered leaves lie on your eyes, the distance has infinitely delicate colours; and it is a sweet morning.

The two-wheeler has already given us this and much more, and we still expect great things from it. If it still sounds exuberant when we praise the two-wheeler, around the same time that the Baden forester was seen in the Tivoli Gardens, two other men were uniting their efforts in the

neu an den gewöhnlichen Jagdmann vorüber, so schnell wie sie es verdienen. Die Fußgänger schleppen sich mit einer unverständlichen Langsamkeit und Trübsal dahin. Ein Tritt auf die Kurbel und sie sind überholt, sie sind schon fern, schon klein. Die Fahrt besteht aus gesteigerten Augenblicken, es ist eine Poesie in dieser Hast. Wie im Fluge geht es abends durch dunkle arme Gassen, man blickt eilig und betroffen in Verhältnisse, um die man sich sonst nicht kümmerte. Hier durch ein Fenster in ein Handwerkerheim, dort in eine Schänke, in der es zum Erbarmen lustig zugeht. Ab und zu gelangt man in eine schwärmerische Gegend: Klaviergeklimper und Gesang, zärtliche Schatten im Lichtausschnitt eines Fensters. Leise bezaubert von der alten Komödie fahren wir langsamer daran vorbei und aus einem Bezirk in den anderen. Da sieht man erst, was das ist: Ottakring, Gumpendorf, Margarethen – was da alles vorgeht. Unsere tägliche Erfahrung wird bereichert und vertieft. Ist die Abendfahrt nachdenklich, so ist die in der Frühe voll von einer lichten Freude. Man gerät auf einmal auf die Hohe Warte, plötzlich ertönt aus dem Blindenhaus ein Choral, und es wird einem ganz früh andächtig ums Herz. Oder man fährt in den Prater, weit hinaus in eine herbstsonnige Freiheit, die wir uns sonst nicht träumen ließen. Auf den Augen liegen persische Teppiche aus welken Blättern, die Ferne hat unendlich zarte Farben, und es ist ein süßer Morgen.

Dies und vieles andere hat uns das Zweirad schon geschenkt und wir erwarten davon noch Großes. Klingt es nun noch überschwänglich, wenn wir das Zweirad preisen um dieselbe Zeit, wo der badische Forstmeister sich im Tivoli Garten sehen ließ, vereinigten zwei andere Männer in dieser Stadt, Paris, ihre Bemühungen. Sie hießen Niépce und Daguerre, und was sie vorhatten, erschien den Flachköpfen ihrer Tage auch nur als eine müßige Spielerei. Sie wollten die Lichtempfindlichkeit chemischer

city of Paris. Their names were Niépce and Daguerre, and what they were up to seemed to the flatheads of their day to be nothing more than an idle gimmick. They wanted to use the light sensitivity of chemical preparations to produce images based on nature. And just as the Draisine evolved into the strange bicyclette, so the daguerreotype evolved into the wondrous process by which we now explore the lunar mountains, the flight of birds, and the interior of the human body. A contemporary of von Drais and Daguerre, Friedrich Rückert, still contended himself with this melodious wisdom:

> Too close to the eyes is no better than too far;
> You do not see through yourself, and not the star overhead.
> But between your self and that twilight star
> Lies a wide world, which learn to bring to your mind!

How silly this insight of the poet has become: nothing is too near to us and nothing is too far anymore. The world is being remade, and it becomes ever clearer around us within us. Despite all this: what we are talking about today is only a movement of the legs, easy to check for its correctness and usefulness, easily accessible to everyone, visible, audible, graspable, and yet true. A movement exposed to so many misunderstandings, it struggles to gain recognition. What about the movement of the mind, which in its novelty is not immediately obvious to everyone?
Must it not make us humble before unexpected ideas and before people who want to take unexpected paths? Thus, this vehicle becomes for us a meaningful paradigm for the fate of ideas, for suffering, and, finally, its miraculous victory.

First published on November 1st, 1896 in "Freie Neue Presse" in Vienna.

Präparate zur Herstellung von Bildern nach der Natur benutzen. Und wie aus der Draisine die merkwürdige Bicyclette geworden ist, so erwuchs aus der Daguerreotypie das wundersame Verfahren, durch das wir jetzt die Mondgebirge, den Vogelflug und das Innere des menschlichen Körpers erforschen. Ein Altersgenosse von Drais und Daguerre, Friedrich Rückert, beschied sich noch mit dieser wohlklingenden Weisheit:

„Zu nah den Augen ist nicht besser als zu fern;
Dich selbst durchschaust du nicht, und nicht den Himmelsstern.
Doch zwischen deinem Ich und jenem Dämmersterne
Liegt eine weite Welt, die zu durchschauen lerne!"

Wie ist diese Einsicht des Dichters einfältig geworden: nichts ist uns zu nah und nichts mehr zu fern. Die Welt wird umgeschaffen, und es wird immer lichter um uns, in uns. Trotz alledem: das, wovon wir heute sprechen, ist nur eine Bewegung der Beine, leicht zu prüfen auf ihre Richtigkeit und Nützlichkeit, jedem leicht zugänglich, sichtbar, hörbar, fassbar und dennoch wahr und ist sie so vielen Missverständnissen ausgesetzt, ringt sich schwer zu Anerkennung durch. Wie ist das erst um eine Bewegung der Geister bestellt, die in ihrer Neuheit nicht gleich jedermann einleuchtet?
Muss es uns nicht zur Demut stimmen vor unerwarteten Ideen und vor Menschen, die ungeahnte Wege einschlagen wollen? So wird uns dieses Fahrzeug zu einem sinnvollen Paradigma für das Schicksal der Ideen, für Leiden und ihren endlichen wunderbaren Sieg.

Erstmals veröffentlicht am 1. November 1896 in der Neuen Freien Presse in Wien

Weitere **illustrierte Bücher** auf
FAVORITENPRESSE.de

Jakob Hinrichs findet sich selbst in vielen seiner beschriebenen Fahrradfahr*innen-Typen wieder: als Kind verschmolz er mit seinem Rad im Geschwindigkeitsrausch, als Student sammelte er Bonanza-Räder, danach designte er eine Zeitlang Kinderräder für einen spanischen Fahrradhersteller. Er liebt das Büchermachen, das Sammeln und das Zeichnen – und kämpft sich fast jeden Tag mit seinem Rad durch den Berliner Verkehr.

Ingwar Perowanowitsch ist freier Autor und Speaker zur Klimakrise und zur Verkehrswende. Er fuhr erst in seiner Heimatstadt Freiburg, dann in seiner Studienstadt Groningen mit dem Rad. Drei Jahre in den Niederlanden haben sein Verständnis davon geprägt, welches Potenzial im Verkehrsmittel Fahrrad steckt. Seitdem er in Berlin wohnt, setzt er sich als aktivistischer und politischer Radler für die fahrradgerechte Stadt ein.

Theodor Herzl, 1860 als Sohn liberaler jüdischer Eltern im ungarischen Pest geboren, war der Vordenker des Staates Israel und begeisterter Radfahrer. 1878 zog Herzls Familie nach Wien, wo er Rechtswissenschaft studierte und promovierte. Auch wegen seines außerordentlichen sprachlichen Talents schlug Herzl jedoch eine journalistische Laufbahn ein und wurde zu einem der bedeutendsten Feuilletonisten des Fin de Siècle.

Eric Aichinger, 1971 geboren, ist ein passionierter Stadtspaziergänger. Wenn er nicht übersetzt, coacht er Künstler*innen und arbeitet als Dozent für Ästhetik an verschiedenen Hochschulen. Gelegentlich radelt er mit einer alten Gurke durch Potsdamer Parkanlagen.

Jakob Hinrichs, recognizes himself in many of the types of cyclists he describes in the book: as a child he merged with his bike in a speed frenzy, as a student he collected Bonanza bikes, then for a while he designed children's bikes for a Spanish bike manufacturer. He loves bookmaking, collecting and drawing – and fights his way through Berlin's traffic on his bike almost every day.

Ingwar Perowanowitsch is a freelance author and speaker on the climate crisis and the ecological traffic transition. He first rode his bike in his hometown of Freiburg, then in his university town of Groningen. Three years in the Netherlands have shaped his understanding of the bicycle's potential as a means of transport. Since living in Berlin he has been an activist and political cyclist, campaigning for a bicycle-friendly city.

Theodor Herzl, born in 1860 in Pest, Hungary, to liberal parents was the pioneer of the State of Israel and an enthusiastic cyclist. In 1878 Herzl's family moved to Vienna where he studied law and obtained his doctorate. Due to his extraordinary linguistic talent, Herzl embarked on a journalistic career and became one of the most important columnists of the fin de siècle.

Eric Aichinger, born in 1971, is a passionate city walker. When he is not translating, he coaches artists and works as a lecturer in aesthetics at various universities. Occasionally he cycles through Potsdam's parks on an old boneshaker.

Bücher von Jakob Hinrichs:

„Ick hau Dir uffn Kopp, bis de Läuse piepen", 2021, Favoritenpresse
„Draussen vor der Tür", Wolfgang Borchert, 2018, Walde+Graf
„Hans Fallada – Der Trinker", Graphic Novel, 2015, Aufbau Verlag
„Traumnovelle", Graphic Novel, 2012, Büchergilde Gutenberg

Impressum

© Favoritenpresse, 2023
Alle Rechte vorbehalten, Weiterverarbeitung und Vervielfältigung nur mit ausdrücklicher Genehmigung des Verlags

© für Texte, Illustrationen und Gestaltung: Jakob Hinrichs
www.jakobhinrichs.com

© Für das Vorwort: Ingwar Perowanowitsch
Twitter: @Perowinger94
Instagram: ingwar.pero

Lektorat und Übersetzung: Eric Aichinger

Druck vermittelt durch: Couleurs Print & More GmbH
Gedruckt in Europa.

Weitere illustrierte Bücher & schöne Dinge gibt es im Shop auf:
www.favoritenpresse.de

ISBN 978-3-96849-092-2